Walter Jens

Der Teufel lebt nicht mehr, mein Herr!

Erdachte Monologe
Imaginäre Gespräche

RADIUS

Walter Jens (1923–2013)
studierte Klassische Philologie und Germanistik in Hamburg
und Freiburg; 1944 Promotion, 1949 Habilitation.
1962 Lehrstuhl für Klassische Philologie
und allgemeine Rhetorik in Tübingen. Emeritiert 1989.
Präsident des P.E.N.-Zentrums der Bundesrepublik Deutschland
(ab 1982 Ehrenpräsident),
Präsident der Akademie der Künste, Berlin
(ab 1997 Ehrenpräsident)

Lieferbare Radius-Bücher von Walter Jens:

Der Römerbrief
Das A und das O. Die Offenbarung des Johannes
Die vier Evangelien. Matthäus, Markus, Lukas, Johannes
Pathos und Präzision. Texte zur Theologie

Neuausgabe 2017

ISBN 978-3-87173-954-5

Umschlag: André Baumeister
Auf holz- und säurefreiem Werkdruckpapier gedruckt
Gesamtherstellung: CPI – Clausen & Bosse, Leck
Printed in Germany

Kurt Marti
in vielfacher Verpflichtung
herzlich zugeeignet

Was nicht Gegenstand des Gesprächs werden kann, mag erhaben oder furchtbar oder unheimlich sein, es mag auch eine Menschenstimme finden, durch die es in die Welt hineintönt; menschlich gerade ist es nicht. Erst indem wir darüber sprechen, vermenschlichen wir, was in der Welt, wie das, was in unserem Interesse vorgeht, und in diesem Sprechen lernen wir menschlich zu sein.

Hannah Arendt
Von der Menschlichkeit in finsteren Zeiten
Rede über Lessing

Einleitung

Ein doppelt zweigeteiltes Buch: geistliche und weltliche Meditationen, Monologe, die, in Lessings Weise, vom Lautdenken bestimmt sind, und Zwiegespräche zwischen gleichberechtigten Partnern. Ein Entwurf von Möglichkeiten, die zwar imaginär, aber dennoch plausibel sind: kein beliebiges Spiel, sondern ein striktes Verfolgen von Gedanken, die geschichtlicher Logik nicht entbehren.

Judas war kein Verräter, sondern ein Überlieferer, der seine Tat, im Dialog mit Jesus, rechtfertigen konnte. Petrus ist kein Herr der kommenden Kirche, sondern ein liebenswerter Versager gewesen, ein Mensch, der immer wieder in die Irre ging und gerade darum von Christus vor allen anderen geliebt worden ist. Pilatus' Satz »Ich finde keine Schuld an diesem Menschen« will zuende gedacht sein: Eine Konversion ist im Zeichen des recht verstandenen »ecce homo« nicht undenkbar. ›Da! Schau her! Die Elends-Kreatur! Warum, ihr Unbarmherzigen, laßt ihr es nicht genug mit der Geißelung sein? Weshalb noch die Marter aller Martern, das Zerreißen der Glieder am Kreuz?‹

Eine solche Einkehr des Prätors ist nicht unwahrscheinlicher als die Reue Philipp Melanchthons *in hora mortis*: Sollte der Sachwalter menschenfreundlicher Gesittung tatsächlich bis zu seinem Tod ein rigider Anwalt der Todesstrafe gewesen sein, einer, der die schauerliche Hinrichtung Servets in einem Brief an Calvin, den gnadenlosen Inquisitor, für rechtens erklärte? Melanchthon: ein Gouverneur, der, wenn es um »Ketzer« geht, sein gelassenes »alles nach Recht und Ordnung« artikuliert? Es könnte anders gewesen sein am Sterbetag Philipp Melanchthons. *Könnte*, wohlgemerkt, keine Wirklichkeit, aber wohl erwogene Möglichkeit.

Die Unterweisung des Stückeschreibers Bertolt Brecht ist freilich mehr als Möglichkeit. Das Dogma der antiaristotelischen Dramatik war irrig: Wenn etwas der Lehre Bertolt Brechts entsprach, dann war es die griechische Tragödie, in der es nicht auf das ›Was‹, sondern allein auf das ›Wie‹ ankam: Die Zuschauer, unter ihnen, was gern vergessen wird, auch Frauen und Sklaven, kannten die Fabeln; darum waren sie an den Kniffen und dramatischen Tricks des großen Concours im Dionysos-Theater als Schauspielkenner interessiert: Was muß Euripides verändern, wenn er gegen Aischylos bestehen will? Da ging es, unter Entsetzensschreien und Applaus ums *Handwerk* der Kunst – ein Thema, das auch in den letzten drei Gesprächen im Zentrum der Überlegungen steht: Mit welchen Mitteln, wird in der Morgue von Wolfenbüttel gefragt, hast du gearbeitet, Lessing? Und du, Heine? Und wie – eine Frage Joseph Joachims – steht es mit dem Verhältnis von Inspiration und Kalkül, dem *furor musicus* und der hohen Schule des wohltemperierten Klaviers?

Schließlich die Debatte zwischen Theodor Fontane und Max Liebermann: ein Dialog über Porträt-Ähnlichkeit und Aussparungstechnik, Detail-Genauigkeit und Abstraktion. Auch hier, wohlgemerkt, kein beliebiges Spiel. Fontane und Liebermann haben sich, als der Schriftsteller dem Maler saß (Resultat: die unvergleichliche Kreidezeichnung auf bräunlichem Papier, eine Vorstudie zur eher konventionell geratenen Lithographie)… – Fontane und Liebermann haben sich anno 1896 gefunden, als sie über Schadows Devise »Zeichnen ist Weglassen« gesprochen haben werden – und über

Bismarck natürlich, gewürzt mit Anekdoten, in deren pointierter Präsentation die beiden Meister miteinander während der »Maltage« konkurrierten.

Nehmt alles in allem, so habe ich, bei genauer Lektüre, den vielfältigen Kompositionen zunutze (Melanchthon schließt mit einem Satz Castellios, des Verteidigers von Toleranz und Empathie in finsteren Zeiten), mehr *ge*funden als *er*funden. Joseph Joachims Briefe, zumal der Gedankenaustausch mit Clara, seiner Partnerin, bestimmen als Grundmuster die imaginäre Rede in der Berliner Singakademie, und was das Toten-Gespräch zwischen Heine und Lessing angeht, so hat auch diese Meditation ihr historisches Substrat in einem überlieferten Text: »Die Literaturgeschichte«, heißt es in Heines *Romantischer Schule*, »ist die große Morgue, wo jeder seine Toten aufsucht, die er liebt oder womit er verwandt ist. Wenn ich da unter so vielen unbedeutenden Leichen den Lessing oder den Herder sehe, mit ihren erhabenen Menschengesichtern, dann pocht mir das Herz. Wie dürfte ich vorübergehen, ohne euch flüchtig die blassen Lippen zu küssen!«

Wie dürfte ich vorübergehen: Das mag das Motto dieser Meditationen an der Grenze von Poesie und Gelehrsamkeit sein, denen, *deo bene volente*, in nicht zu ferner Zeit ein Gespräch zwischen Seneca und Montaigne über Skepsis und Humanität folgen mag, deren Dialektik die Gedanken des Bandes »Der Teufel lebt nicht mehr, mein Herr!« bestimmt.

Tübingen, im Dezember 2000 — Walter Jens

I

»Ich, ein Jud«

Verteidigungsrede des Judas Ischarioth

Ein einfacher Raum, halb Mönchszelle, halb geistliches Studierzimmer: zur Linken eine Ruhestatt, zur Rechten ein Betschemel vor einem großen Pestkruzifix (Jesus mit schmerzentstelltem Gesicht), im Hintergrund Bücher, in der Mitte ein großer, mit Folianten, Schriften und Schreibgerät bedeckter Tisch. Von fernher Musik, langsam lauter werdend. Man hört die Stimme des Evangelisten aus Bachs Matthäus-Passion: »Und als er noch redete, siehe, da kam Judas, der Zwölfen einer, und mit ihm eine große Schar mit Schwertern und mit Stangen von den Hohepriestern und Ältesten des Volks. Und der Verräter hatte ihnen ein Zeichen gegeben und gesagt: ›Welchen ich küssen werde, der ist's, den greifet!‹ Und alsbald trat er zu Jesum und sprach:« (die Musik ganz laut) Judas: »Gegrüßet seist du, Rabbi!« Judas Ischarioth, der während der Rede des Evangelisten unbeweglich, dem Zuschauer kaum bemerkbar, am Tisch gesessen hatte: den Kopf auf die Platte gelegt, richtet sich auf und spricht die Worte »Gegrüßet seist du, Rabbi!« flüsternd mit, die Musik bricht plötzlich ab, und Judas' Rede beginnt.

Judas: Ja, das habe ich gesagt; es war so abgesprochen zwischen uns; ich befolgte seinen Befehl, er konnte sich auf mich verlassen. »Gegrüßet seist du, Rabbi« – das waren die vier Worte, die wir vereinbart hatten, wir beiden, er und ich, zum Zeichen, daß es kein Zurück mehr gab für uns, von nun an nicht mehr. Ich ging auf ihn zu, sehr langsam, beinahe bedächtig, er lächelte, ich küßte ihn, und wir umarmten einander. Wir beide: ein paar Sekunden lang ganz allein auf der Welt. Die Soldaten weit weg, mit gesenkten Lanzen, so als schämten sie sich; die Jünger: irgendwo im Dunkeln versteckt. ER und ICH: die einzigen Menschen, im Vordergrund auf einer leeren Bühne, unter einem hohen, sternklaren Himmel. Es war ein warmer Tag gewesen, der Tau fiel erst gegen Morgen, die Soldaten trugen Sommeruniform, sein Gewand stand weit offen; ich legte ihm die Hand auf die Schulter, ganz sanft, der kleine Finger berührte seinen Hals.

Der letzte Liebeserweis: Judas aus Kerioth küßt seinen Herrn. Und er, Jesus von Nazareth, sagte zu mir: »Mein Freund.« (Pause) Ja, wir gehörten zusammen, wir zwei. »Gegrüßet seist du, Rabbi«: Da sprach zum letzten Mal ein Mensch zu ihm; da war Sanftmut und Licht, ehe die Dunkelheit kam und die Folter. (anderer Tonfall) Von nun an wurde nur noch verhört und geprügelt, gebrüllt und geschlagen, zerbrochen, verhöhnt und gemartert. (Blick zum Kruzifix)

Nein, Herr, ich habe dich nicht verraten, ich ganz gewiß nicht. Verrat! Verrat! Das ist doch Aberwitz! Die blanke Narretei! (Blick ins Publikum, einzelnen Betrachtern zu) Was war denn schon zu verraten, frage ich euch. Sein Aufenthaltsort? Der Garten von Gethsemane? Aber den kannten doch Tausende! Und die Geheimpolizei der Sadduzäer und die römischen Spitzel, die seit Jahr und Tag seine Schritte verfolgten, wußten erst recht Bescheid. (wirft einen Haufen von Papieren auf den Tisch) Die hatten ihre Dossiers. (schlägt sich mit der Hand an die Stirn) Von wegen Verrat! Das ist doch lächerlich!

(leiser) Oder glaubt ihr vielleicht, ja ja, man hört auch das, ich hätte den Behörden sein Großes Geheimnis verraten: daß er Gottes Sohn sei, geboren aus Davids Stamm, ein König aller Stämme und Zungen und

Völker? Aber das hat er doch selbst gesagt, vor allem Volk, auf dem Marktplatz, mitten unter den Leuten! Denkt doch an Jericho! »Des Menschen Sohn ist gekommen, zu suchen und selig zu machen, das verloren ist.« Glaubt ihr denn wirklich, man hätte einen Verräter gebraucht – nur um zu erfahren, was in jeder Akte stand?

(leise, zum Kreuz hin) Nein, Herr, ich habe dich nicht preisgegeben.

(wieder zum Publikum) Und warum hast du dich dann aufgehängt, Judas? Hast Schluß gemacht, mit dem Strick um den Hals, und am Galgen deine Schuld bekannt? Das kann ich euch sagen. Ich bin in den Hanf gegangen – so sagte man bei uns, damals in Palästina –, weil ich meinem Herrn nicht nachsterben wollte. Ein Judas, hört ihr, geht voraus. (sehr leise) Ich – der einzige unter diesen Fischern und Zimmerleuten und Bauern, der ihn verstand, *wirklich verstand* –, ich kannte die Angst, die ihn abends, wenn es dunkel wurde, ins freie Feld hinaustrieb, fort aus den Städten in die Einsamkeit; ich wußte, wie sehr er sich fürchtete vor diesem Tod. Nein, nicht vorm Tod: vorm Sterben, dieser Folter, dem Zerbrechen der Knochen und den Martern, die das Hirn aufblasen wie einen Ball. Er war zu schwach dafür, der Mann, brauchte Hilfe, Beistand, Trost, damit er durchhalten konnte am Kreuz.

Ja, darum habe ich es getan, jetzt wißt ihr es: um ihm zu helfen. Judas, sollte er denken, ist einsamer gewesen als ich, an diesem Morgen, als er die Schlinge knüpfte: Wie leicht ist *mein* Tod (flüsternd rekapitulierend), sollte er denken, verglichen mit *seinem*, diesem elenden Krepieren, dem niemand zuschaut, kein Freund, keine Frau, nicht einmal ein Henker.

(neigt betend den Kopf) »Herrgott, Vater im Himmel, sei nicht ferne von mir, denn die Angst ist nahe und kein Helfer zu sehen. Schau, die Herde der Stiere, ein gewaltiges Getier, hat mich umringt. Ihren Rachen sperren sie auf gegen mich wie ein brüllender und reißender Löwe. Ich bin ausgeschüttet wie Wasser, alle meine Gebeine haben sich zertrennt; mein Herz ist in meinem Leibe wie geschmolzenes Wachs. Meine Kräfte sind vertrocknet wie eine Scherbe; meine Zunge klebt an meinem Gaumen, und du legst mich in des Todes Staub. Denn Hunde haben mich umgeben, und die Rotte der Bösen hat mich umringt; sie haben meine Hände und Füße durchgraben. Weh! Zählen kann ich alle meine Gebeine; sie aber schauen zu und haben ihre Lust an mir. Herr, errette meine Seele, denn sie ist einsam und ohne Hoffnung, aus den Klauen der Löwen und wilden Hunde! Ich rufe dich am Tage, und ich schweige nicht in den Nächten; aber du antwortest nicht. Wie lange willst du noch warten? Ich schreie – und du bist stumm! Mein Gott! Mein Gott, warum hast du mich verlassen?«

(spricht nach einer Pause, sehr ruhig nun, wieder zu den Zuschauern) Ja, wir haben das gleiche Gebet gesprochen, an jenem Freitag: ich, der ihm voranging, und er, der mir nachgefolgt ist. *Zwei* Männer, nicht nur einer, hingen am Balken, damals in Jerusalem. (hält inne)

Natürlich, da ist noch das Geld, ich weiß, die dreißig Silberlinge, an die ihr zuerst denkt, seit zweitausend Jahren, wenn von mir die Rede ist. Judas, der Jud. Judas, der Schacherer, der seinen Herrn um ein paar Groschen verrät. Dreißig Silberlinge: dafür bekam man damals einen ausgedienten Sklaven oder einen Anzug, der schon abgetragen war. Dreißig Silberlinge: das war fast ein Nichts. Aber ich nahm sie, ja, ich hab sie eingesteckt. Warum? Sehr einfach. Um sie in den Tempel zu werfen. Um ein Zeichen zu setzen.

Ihr jämmerlichen Bibel-Leser, ihr! Werft den Jud in die unterste Hölle und kennt, ihr schönen Christen, nicht einmal die Heilige Schrift. Nein, sage ich, ihr kennt sie *nicht*. Hättet ihr sie nämlich studiert, dann wärt ihr auf jenen frommen Propheten gestoßen, Sacharja heißt er, dem die Juden für einen Dienst – nun, was wohl? – dreißig Silberlinge gaben – um ihn zu demütigen. Sacharja aber war stolz und ein gerechter Mann, und darum folgte er Jahwes Befehl und warf den Lohn in den Tempel des Herrn. Versteht ihr nun? Sacharja hatte ein Amt: genau so wie ich. Er hatte die Schafe zu hüten, ich mußte das Lamm überliefern. Beide, er und ich, haben Gottes Gebote befolgt. Beide handelten auf seinen Befehl ... auch ich ... und um das zu beweisen, habe ich – hört jetzt ganz genau zu! – den Schandlohn in den Tempel geworfen und eine Sekunde lang den Schleier gelüftet, der mein Geheimnis verbirgt: Auf, wenn ihr mich verstehen wollt, schlagt nach bei den Propheten! Aber ihr lest ja nicht – wenn überhaupt, dann das Falsche.

(blättert in Papieren) »Sechs Tage vor Ostern kam Jesus nach Bethanien, wo Lazarus wohnte, den er von den Toten auferweckt hatte. Es war Abend; man bereitete das Mahl; Martha brachte die Speisen, und Lazarus saß mit am Tisch. Maria aber nahm ein Pfund Narde, die sehr kostbar war, und salbte Jesus die Füße. Das ganze Haus duftete nach Narde, und Maria trocknete Jesu Füße mit ihren Haaren. Als Judas, einer seiner Schüler, das sah – Judas, Simons Sohn aus Kerioth, der Jesus ausliefern sollte –, sagte er: ›Warum hat man diese Salbe nicht verkauft? Sie ist dreihundert Denare wert! Weshalb hat man sie nicht den Armen gegeben?‹ Aber diese Worte sagte er nicht, weil es ihm um die Armen ging – was kümmerten Judas die Bettler! –, sondern weil er ein Dieb war: ein Kassenverwalter, der die Einlagen beiseite schaffte – alleweil in den eigenen Beutel damit!«

Ja, da hast du ganze Sache gemacht, mein frommer Johannes; Respekt, Herr Christenmensch! Der Jud – vortrefflich porträtiert. Ein Kassierer also, ein Dieb und ein Heuchler bin ich gewesen: von den Bettlern parliert und dabei nur an den eigenen Säckel gedacht!

Judas, der Schuft mit dem Doppel-Gesicht, nach außen freundlich und drinnen im Schädel ein Teufel; das Kains-Kind, das den biederen Schönredner herauskehrt. Getroffen und erledigt, Johannes! Kopf ab, exekutiert.

Wie, sagtest du doch, habe unser Herr Jesus gesprochen: »Ich habe euch ausgewählt, und einer von euch ist der Teufel. Keiner von euch ist verloren – außer dem einen.« Weg mit dem Kerl, und fortgeschafft; das nenne ich mir Feindesliebe, Herr Evangelist. Nur immer zu; leer' deinen Köcher! Den nächsten Pfeil, bitte sehr! »Einer von euch wird mich verraten: der, dem ich den Bissen eintauche und gebe. Und er tauchte den Bissen ein und gab ihn Judas, Simons Sohn, dem Ischarioth. Und nach dem Bissen fuhr der Teufel in ihn.«

(klatscht in die Hände) Respekt, Johannes. Wenn du einen erledigen willst, einen wie mich – dann triffst du auch. Dann wird der Jünger in einen Sohn Satans verwandelt und die Oblate – in eine Kapsel mit Zyankali.

(anderer Tonfall) Also ein Dieb. Ein Betrüger. Ein Mann, der aus Geldgier seinen Herrn verrät; ein Denunziant, den es nicht rührt, um einiger Groschen willen sein Opfer zu foltern. Und trotzdem ein Jünger? (zu den Zuschauern) Ja, denkt ihr denn nicht nach? Ist zwei und zwei für euch drei? Angenommen, Johannes, der *gute* Johannes, hat recht mit seiner Behauptung, daß ich ein Teufel war und daß Jesus dies wußte – »ich habe euch ausgewählt, und einer von euch ist der Teufel!« –, dann hättest (Blick zum Kruzifix) du dich dazu hergegeben, einen Menschen in die Messer laufen zu lassen. Dann wäre kaltblütig ein Mann – ein Unwissender! – auserwählt worden, die Dreckarbeit für dich zu tun: mit der Kapsel im Maul!

(trinkt einen Schluck Wasser) Wenn er recht hätte, dein Evangelist: nein, nein, das hat er nicht! Du hättest mich doch wohl gewarnt, nicht wahr? Nicht zugelassen, daß ich dein Opfer würde: Schlachtvieh eines Menschen, der doch so friedfertig war? *Ich: dein* Opfer, und nicht umgekehrt: das ist absurd. Sag selbst, wäre das nicht Wahnsinn gewesen, ausgerechnet mich, den Schuft, der im Himmel längst als Dieb erkannt worden war, zum Kassier zu bestellen? Ihn in Versuchung zu führen, grad so, als sei das Vaterunser für dich eine Phrase? »Und führe uns nicht in Versuchung«: Ist das etwa eine Bitte, die für dich nicht gilt?

(wieder zu den Zuschauern) Logik, ein bißchen Logik, bitte sehr. Könnt ihr euch wirklich einen Gott vorstellen, einen Heiland, der, um der Erfüllung seines Plans willen, einen Menschen zur Sünde verurteilt? Auf, Judas, mein Gesell! Und keine Warnung in letzter Stunde? Jesus, meint ihr, sei kein Christ gewesen, sondern eine Art von Racheengel, der zusah, wie sich sein Feind in den Stricken verfing? Da fälschte einer Rechnungen – und sein Meister ließ den Dingen ihren Lauf? Da hat ein Mensch sich aufgehängt – und ausgerechnet Er, der selbst für seinen Todfeind betete, ließ ihn allein in der Stunde, da die wilden Hunde ihn hetzten? Jesus von Nazareth, euer Christus: ein Anatom in Uniform, der zuschaut, wie ein Mensch bei lebendigem Leibe seziert wird? Ja, ist euer Herr denn ein Mörder?

(abbrechend, dann sehr leise) Er war es nicht. Er wußte, daß ich einverstanden war. Einverstanden: zu tun, was getan werden mußte, weil es Gottes Wille war. (steht auf, redet, zunächst sehr ruhig argumentierend, zu den Zuschauern) Ich wußte, daß es eines Menschen bedurfte, um Jesus zu überliefern – und ich wußte, daß Jesus wußte ... nein (schüttelt den Kopf, setzt neu an) ... ich wußte, daß du (Blick zum Kreuz) wußtest: er weiß; und ich wußte, daß du wußtest: er weiß, daß ich weiß. Wir waren Vertraute, wir hatten das gleiche Geheimnis. Wir wußten, daß es eines Menschen bedurfte, um Jesus zu überliefern. Ein Mensch war vonnöten, kein Gott. Ein Mensch: so groß, so selbstbewußt, so demütig, so ... fromm, daß er bereit war, zum Attentäter zu werden, zum Mordgehilfen und Verräter, um ein für allemal zu beweisen, wohin Menschen geraten, die, um, wie sie sagen, ganz sie selbst zu sein, vor keinem Anschlag zurückschrecken, auch nicht vor dem Anschlag auf Gott.

(geht ein paar Schritte nach vorn) Das, Freunde, ist eine These, die nur dann beweiskräftig wird, wenn sich ein Mensch findet, der bereit ist, sie, in einem Rollenspiel auf Leben und Tod, zu beweisen: ein Mensch aus

Fleisch und Blut – einer, der der Sünde aller Sünden und dem Verrat über allem Verrat Leib, Seele und Stimme verleiht. Einer wie Judas. Einer wie ich. Ich hatte zu beweisen, wozu Menschen fähig sind, im Aufstand gegen Gott... und ich tat's freiwillig. Aus eigenem Entschluß. Um Jesu Christi willen, aus Frömmigkeit und um der Rettung aller Menschen – *eurer* Rettung – willen gab ich mich dazu her, ein für allemal den Beweis anzutreten, daß wir der Erlösung bedürfen, wir, die wir sterblich sind.

Verrat, sagt ihr? Ich nenn' es Gehorsam, nenn' es Dienst: aus freien Stücken den Satan zu spielen und für Gott zu zeugen. Und ich wiederhole: der hier am Kreuz wußte um meine Rolle. Oder glaubt ihr etwa, er sei so blind, so... täppisch gewesen, ausgerechnet den Allerfalschesten in seine Schar aufzunehmen, er hätte sich betrügen lassen wie der Bruder Treuherzig oder die Schwester Gutgläubig: ein schlichter Mensch, der sich nach Herzenslust düpieren ließ – nicht ahnend, daß sein Kassenverwalter ein Spitzbube war?

(Kopfschütteln) Es bleibt dabei: Wir haben voneinander gewußt. Der Unterschied war nur – mein Herr hatte es leichter als ich. Nein, murrt jetzt nicht. Ich weiß, was ich sage, und kann es beweisen. (geht zum Kruzifix, verneigt sich) »Der Menschensohn« – hast du das wirklich gesagt? – »muß sterben; aber wehe dem Menschen, der den Menschensohn ausliefern wird – es wäre besser für ihn, er wäre niemals geboren.« O Herr, wenn du's denn gesagt hast – bedachtest du auch, was es bedeutet, für einen wie mich, einen ganz gewöhnlichen Menschen, nicht aufschreien zu dürfen: »Halt ein, ich bitte dich, hör auf, ich kann nicht mehr!«

(geht wieder zum Tisch) Der Richtspruch des Herrn: gut, ich hatte damit zu rechnen. Wer bereit ist, den Teufel zu spielen, darf nicht darauf hoffen, wenn es ernst wird, den Engel herauskehren zu können. Aber das Urteil der Jahrtausende, den Prozeß von seiten der Inquisition, die Verhöhnung durch die Kunst, das Gezeter der

Frommen in aller Welt, der Katholiken und Protestanten und Orthodoxen – Judas, der Teufel, Judas, Mörder von Anbeginn an, Judas, Gottes verworfener Sohn –, nein, das habe ich nicht verdient.

Die Logik zumindest, ein exaktes Durchdenken des Falls hätte euch … (bricht ab) Zweifeln, Fragen stellen, nachdenken: *Das* kann ich doch wohl verlangen! Und was habt ihr statt dessen getan? Mich als Sündenbock abgestempelt: Judas, der Schacherer, Judas, der Ahnherr aller Zinstreiber im Getto, Judas, der Sprecher eines Volks, das ausgerottet werden muß, weil es den Herrn ermordete, Judas, der Teufelssohn, der die Teufelskinder Teufelskunst lehrte.

(geht hastig zum Tisch, blättert in einem Konvolut, schlägt eine Seite auf) Da, hört euch das an: Doktor Martinus aus Wittenberg auf den Spuren seines geliebten Johannes: »Ich verfluchter Goi kann nicht verstehen, woher die Juden solche hohe Kunst haben, ohne daß ich muß denken – (blickt auf) jetzt kommt's –, da Judas Ischarioth sich erhängt hatte, daß ihm die Därme zerrissen und, wie's den Gehenkten geschieht, die Blase zerborsten, da haben die Juden ihre Diener mit goldenen Kannen und silbernen Schüsseln dabei gehabt, die Judas' Pisse aufgefangen, danach untereinander die Merde gefressen und gesoffen, daß sie …«

(schlägt das Buch angewidert zu) Ja, ja, ich bin ein Jud, doch (Handbewegung zum Kreuz) der war es auch, verdiente auch den gelben Fleck, hätte – wie ich! – das J. in seinem Ausweis gehabt und ums Verbot gewußt, sich nicht in öffentlichem Park auf einer Bank hinzusetzen. Den hätten sie genauso – wie mich! – ins Gas gejagt: Jesus, den Juden, Judas, den Juden!

(bricht ab, setzt sich erschöpft hin, spricht leise) Und dabei war ich fromm wie er, der Frömmste in seinem Gefolge: Einer – ich! – mußte es auf sich nehmen, Gottes Bote im Finstern zu werden. Ich war auserwählt worden – (plötzlich ausbrechend) und ich verlange Respekt dafür! –, den Verworfenen in Gottes heiligem Drama zu spielen: denn ich allein war stark genug dafür. Judas, der Fromme, Judas, der Kluge unter den Einfältigen. Der Rechner und Zweifler unter den Hirten. Ich – nicht die anderen, Petrus zuallerletzt! – wurde für würdig befunden, den Part des Vollstreckers zu spielen. Mir wurde abverlangt, für das Böse zu zeugen. Ich hatte zu zeigen, wozu Satan bereit ist und wo Satans Grenze liegt. Um das Böse zu entlarven gab es keine andere Wahl, als einen, einen Einzigen: mich!, zum Stellvertreter des Teufels zu machen.

(geht wieder auf die Zuschauer zu) Zum letzten Mal: ein bißchen Logik, wenn's beliebt, ein Quentchen Mathematik! Angenommen, ich hätte nein gesagt in der Sekunde, da mir Jesus befahl, nicht länger zu zaudern – »tu schnell, was du tun mußt!« –, gesetzt, ich hätte mich geweigert: wäre ich dann nicht – nur dann! – an Gott zum Verräter geworden? Bedenkt: Ohne Judas gibt es kein Kreuz, ohne das Kreuz keine Kirche, ohne mich, den Überlieferer, keine Überlieferung der Botschaft, daß wir erlöst sind. Eine kleine Bewegung meines Kopfes, ein Schütteln statt eines Nickens – und Gottes Plan wäre (schnippende Fingerbewegung) ein Nichts.

Ihr seht, wir waren verbündet, wir beide, der Meister und sein Gesell, waren aneinandergekettet, wie zwei Brüder, von denen der eine den anderen braucht. Judas ist nichts ohne Jesus: so wie der Schatten nichts ohne den Leib ist. Aber Jesus ist auch nichts ohne Judas: Wäre ich nicht zu den Großen Priestern und nach Gethsemane gegangen – es wäre um meinen Herrn geschehen gewesen. Wir hatten unsern Weg gemeinsam zu gehen – oder gar nicht.

Und darum bitte ich – nein, ich verlange! –, daß mein Schuldspruch aufgehoben wird. Ich will endlich mein Recht! Ich bestehe darauf, daß mir bestätigt wird: Dieser Mann wurde einer Aufgabe für würdig befunden, wie sie bis heute keinem Menschen gestellt worden ist. Er mußte um Christi willen zum Schlächter und Selbstmörder werden und, gehorsam gegen Gott, sich durch eine

Tat, die ohne Beispiel ist, so weit erniedrigen, daß nicht einmal die Heiligen wagen dürfen, für ihn zu beten. Aber ich habe es getan, und darum seid ihr erlöst. Ich habe meinen Auftrag erfüllt, und ihr solltet mir danken dafür. Ich habe Gott preisgegeben, weil Gott es so wollte. Ich bin sein Bote gewesen: weil Jesus mich brauchte: Ich sage euch, und das ist wahr: Es wäre leichter gewesen, an seiner Stelle zu sterben, als ihn töten zu müssen.

Aber mir blieb keine Wahl: Ich wußte, Jesus fürchtete den Augenblick, in dem ich von der Last meines Geheimnisses erdrückt werden könnte – ein Nein in allerletzter Sekunde! –, doch ich hielt aus – und der Dank dafür? (holt ein großes Buch, hält es, nun in schierer Verzweiflung, hoch über seinem Kopf) Da! Da kann man's betrachten: Judas am Baum, das Gekrös in den Händen, die Seele aus dem After entflohen, die Kehle vom Hanf zugeschnürt, die Därme in blutige Schlingen zerfallen. Judas im Massengrab; auf dem Blachfeld; in der untersten Hölle: gepackt von den Zähnen des Teufels. Der Kopf steckt in Belials Rachen, der Leib liegt auf der Zunge: eine Hostie aus rotem Fleisch ... und dann das Schamglied: hoch wie ein Turm, der Bauch von Würmern zerfressen. Dicker Beutel, gelber Mantel, Judenzunge, Judenbart und Judenohr.

(hat immer schneller gesprochen, schleudert das Buch auf den Tisch, verharrt schweigend, geht dann zum Betschemel und kniet nieder) Und wenn sie nun recht haben, Herr, alle, die mich verfluchen? Wenn ich weniger fromm gewesen wäre und Nein gesagt hätte: »Nein, ich tue es nicht, jetzt und auch in Ewigkeit nicht«? Dann wäre Gottes Plan zunichte geworden. Dann gäb' es kein Kreuz ... und niemand hätte wagen können, mich zu verfluchen.

Seltsam, Herr, sehr sonderbar: Da höhnen sie nun über den Juden mit dem roten Bart und seinem scheelen Blick zur Seite, dorthin, wo das Silber liegt ... und verdanken mir doch, sie alle zusammen, ihr Leben.

N, E, I, N. Vier Buchstaben hätten genügt, um die Welt zu verändern und die Zeit des Christenmenschen zum Stillstand zu bringen.

Ohne den Überlieferer, hab' ich gesagt, gibt es auch die Überlieferung nicht, keinen Papst, keinen Bischof, keinen Dekan, keinen Küster. Wenn ich Nein gesagt hätte, Herr, wärst du am Leben geblieben und hättest ein freundlicher alter Mann werden können, ein Zimmerer, dessen Kunst berühmt gewesen wäre, weit über Galiläa hinaus, und ich hätte deine Lehre verkündet, eine sanfte Friedens-Doktrin, die jedermann die Wahl läßt, sich frei zu entscheiden...

Kein Märtyrer wäre in der römischen Arena gestorben, keine Inquisition fände statt, keine Kriege der Rechtgläubigen gegen die Heiden (Heide: ein solcher Name wäre unbekannt), kein Streit unter den Konfessionen, Luther und Ignatius verkündeten einträchtig eine Religion, in deren Zeichen niemand ermordet, niemand geopfert worden ist. Kein Blut hätte sich, bei meinem Nein, über die Erde ergossen. Und niemand, Herr, hätte uns Juden verfolgt; denn es wäre ja keiner schuldig gewesen an deinem Tod, dem sanften Ende eines alten Zimmermanns, der, hochgeachtet unter den Bürgern, nach Nazareth heimgekehrt wäre.

Kein Pogrom, kein Lager, kein Gas. (plötzlich ausbrechend) Hilf mir, Herr! Erbarme dich meiner! Gib ein Zeichen, das mir sagt: Du hast recht getan, Judas. (Pause) Wie stumm du bist! Schau mich an: Ich war mir so sicher, zweitausend Jahre lang, bis zu diesem Augenblick. Und nun, auf einmal, ganz plötzlich, der Zweifel: Ich hätte alt werden können, wie du, kein Glaubenskrieg wäre durch meine Schuld über die Menschen gekommen. Millionen hätten überlebt, nach meinem Nein. Um unseres Gottes willen gegen diesen Gott und sein Todes-Gebot zu revoltieren – Judas, wäre das deine Sache gewesen? Judas aus Kerioth: kein Sklave Gottes, sondern ein Mensch, der Nein gesagt hätte, *sein* Nein, nicht (kurzer Blick ins Publikum) euer Nein, sondern sein eigenes? (Die Anfangsmusik setzt wieder ein) Wenn alles nun falsch war und ich ungehorsam sein mußte? Mußte! Nach allem, was geschehen ist? Wenn mein Nein millionenfaches Ja bedeutet hätte: zum Leben, zur Versöhnung, zum Frieden – zu einem menschlichen Dasein, das nicht mit einem Mord und einem Selbstmord beginnt und in der Blutspur weitergehen muß, sondern… (die Musik wird immer lauter und übertönt Judas' Worte. Evangelist: »Jesus aber sprach zu ihm.« Jesus: »Mein Freund, warum bist du gekommen?« Evangelist: »Da traten sie hinzu und legten die Hände an Jesum und ergriffen ihn.«)

Judas (die Musik mit einer letzten ungeheuren Anstrengung überschreiend): Nein! Nein! Nein, habe ich gesagt. (Die Musik bricht ab, es wird dunkel, fahles Licht bleibt auf dem Pestkruzifix und Judas' in Angst und Verzweiflung auf den Schmerzensmann blickendes Gesicht.)

»Wir gehören zusammen, mein Herr und ich«

Simon Fels unter den Päpsten

Zwei Museumswächter in flüsterndem Gespräch: Der Ältere gibt Anweisungen, der Jüngere, neu eingestellt offenbar, hört aufmerksam zu. Klingelgeräusch, Geste des Älteren, Blick auf die Armbanduhr: *So, jetzt wird es aber Zeit: Feierabend.* Die letzten Besucher verlassen rasch den Saal; der jüngere Wächter geht, auf ein Zeichen des älteren, mit einem Schlüsselbund zur Tür. In diesem Augenblick tritt, ohne sich um die abwehrende Geste des Jüngeren zu kümmern – *es ist schon sechs, mein Herr, wir schließen jetzt* –, ein älterer, bäurisch wirkender Herr ein, wischt sich mit einem großen Tuch den Schweiß von der Stirn, reinigt sorgfältig seine Stiefel auf der Matte, verneigt sich vor dem Älteren und betritt den Saal – ein Viereck, in dem, Bild nah an Bild, die Porträts aller Päpste hängen. Der ältere Wächter macht eine einladende Geste und flüstert, beiläufig, dem jüngeren zu: Ein gewisser Fels. Vorname Simon.

Jüngerer Wächter: Wie? Jude?

Älterer Wächter: Ja, sagt er. Aber ich glaub's nicht. Ein Deutscher. Wohnt im Altersheim der Barmherzigen Schwestern. Kommt jeden Freitag. Pünktlich um sechs. (winkt den Jüngeren zu sich, macht eine kreisende Geste vor der Stirn) Hält sich für Petrus. Ganz harmlos. Bleibt bis halb sieben, spricht mit den Bildern und redet uns an. Wirst sehen, man gewöhnt sich schnell daran. Hauptsache: nicht antworten. Immer nur nicken, das ist das beste: »Selbstverständlich, Herr Fels, ganz wie Sie meinen.« Komm jetzt, die Wochenabrechnung. (beugt sich über Papiere und beginnt zu rechnen) Trinkgelder gibt er übrigens auch. Nicht viel, doch dafür pünktlich. Zwei Drittel für mich, ein Drittel für dich. (Beide Wächter blicken Petrus nach, der Ältere eher gelangweilt, der Jüngere besorgt, die Geschichte kommt ihm unheimlich vor.)

Simon Fels, einen breiten Hut in der Hand, vorsichtig, mit den Bewegungen eines Mannes auftretend, der im Alltagsgeschäft ans Zupacken gewöhnt ist, nähert sich den Bildern, wobei er die Porträtierten lächelnd, winkend, sich verneigend wie alte Bekannte begrüßt. Nach kurzem Zögern – *wo beginne ich heute?* – wendet er sich zu Urban V., tritt einige Schritte zurück und ruft mit gedämpfter Stimme (doch will ihm das, dem Mann der See, der Winde und der freien Natur, nicht so recht gelingen):

Seine Heiligkeit, Guillaume de Grimoard, Papst Urban V., geboren… (zum jüngeren Wächter) warte… natürlich anno 1310 auf Schloß Grisac, als Sohn des Edlen von Bédonès, beheimatet im Languedoc. Wirst es schon lernen, mein Kind, mit den Jahren. Die Mutter hieß übrigens Amphelia de Sabran, Gräfin von Montferrand. (wiederholt den Namen in makellosem Französisch) Ich liebe das Französische, mon petit, du solltest die Sprache studieren: Jeremias, Joel, Amos, Esther: Wie das klingt, mit Akzent und nasaliert – Propheten aus Burgund und der Gascogne. (geht auf den Jüngeren zu, der ratsuchend zum Älteren aufschaut) Pardon, mein Sohn, ich habe vergessen, mich Ihnen vorzustellen: Fels, Simon, ein Fischer aus Galiläa, der sich auf viele Sprachen versteht – Arabisch, Lateinisch, Griechisch natürlich, Französisch, Aramäisch und Englisch, leider mit orientalischem r, Deutsch ohnehin. Sie erinnern sich? (zitiert) »Parther, Meder und Elamiter, Einwohner aus dem Zweistromland, aus Judäa und Kappadozien, Pontus und Kleinasien, Phrygien und Pamphylien, Ägypten und Lydien.« Ich habe sie alle verstanden, damals am Pfingsttag, als der Sturm vom Himmel kam, der brausende Wind und das Feuer, hoch von der Sonne herab, und ich verstehe sie immer noch, in *ihrer* Sprache, die Leute, nicht nur in meiner eigenen, wie Lukas behauptet, der Evangelist, der nicht dabei war, als es geschah. (winkt dem Jüngeren, er möge sich wieder entfernen, verneigt sich gemessen vor Urban V.) Guillaume Grimoard, Herr von Grisac, Vicomte, Sieur! Der Fischer Simon gibt euch die Ehre. (geht suchend weiter, bleibt dann vor dem Bild Alexanders VI. stehen, schüttelt den Kopf) Kein angenehmer Mann. Rodrigo de Borja, Sohn des Jofré Borja y Doms, genannt Alexander VI. Der englische König, dessen Namen ich immer wieder vergesse, der mit den vielen Frauen. (zu den Wächtern) Rodrigos Mutter war übrigens die Schwester Papst Kalixts III. Man blieb unter sich, damals in Rom (geht weiter, betrachtet das von Tizian gemalte Bild Pauls III. mit seinen Nepoten) ein Familienbetrieb, der Kirchenschatz wird in der Verwandtschaft verteilt, und die Herren Enkel erhalten den Kardinalshut: als Kinder natürlich. Europas gute Gesellschaft: versammelt in einem einzigen Saal. (geht herum, ein wenig linkisch, aber sehr selbstbewußt) Die Herren Colonna, die Damen Ponti, Patrizier aus Venezien und Granden aus der Lombardei. Namen, die auf der Zunge zergehen: Lorenzo de Medici, il Magnifico, Stadtherr zu Florenz und Familienoberhaupt. Der Sohn wird Papst: hier! Leo X. (zeigt auf das Bild Raffaels) Und die Herren Nepoten immer dabei. Das nenne ich mir Familiensinn, meine Lieben! (schneuzt sich umständlich) Und dann erst die Damen, die Contessen, die sich vor ihrem Schulbub verneigen, wenn der als Kardinal den Hermelin präsentiert. Die Damen! Politessa Condulmer. (wiederholt voll Genuß den Nachnamen) Mutter Pauls VI. und Schwester Eugens IV. (zum jüngeren Wächter) Dir schwindelt, mein Kleiner? Nur Geduld! Tausend Namen, ein paar Dutzend Familien, das ist rasch gelernt, wenn einer den richtigen

Blick hat … für den hier zum Beispiel: Giulio de Medici, Sohn des Giuliano, der, wie du bald wissen wirst, ein Onkel seiner Heiligkeit, Leos X., war … und seine Mutter, fragst du? Für mich die liebste von allen! »Eine gewisse Fioretta«, sagt man, Kellnerin vielleicht, Tänzerin oder gar … was weiß ich? (verneigt sich, mit einer großen Rundum-Geste, vor den Herren im Goldrahmen, deutet einen Kniefall an und geht dann auf den jüngeren Wächter zu) Majestäten, mein Sohn, Fürsten, Professoren, Gelehrte, Herren von Welt, studierte Leute! Bücherschreiber! Befehlshaber! Marschälle und Zeremonienmeister! Und ich? Schau mich an! Ein Fischer. Mein Vater: ein gewisser Jona, den niemand kennt. Kein Täufer, kein Apostel, kein Evangelienschreiber: Jona – Johannes, der ein armer Hund gewesen ist und ausgelacht wurde, weil er ein rüdes Galiläisch sprach, bäurisch und hart: alles herausgestoßen und nichts verschliffen, nach der Weise der Herren. Nein, ich bin kein del Monte und kein Farnese, sondern ein Kind der Fischerstadt Bethsaida, aufgewachsen in Kapernaum. Doch auch kein Bootsknecht, bitte sehr! Mir gehörten (zu den Bildern) drei Schiffe – immerhin! Fast eine Flottille! Ich war zusammen mit meinen Teilhabern, den Söhnen des Zebedäus, der Name ist bekannt, hoffe ich, ein Unternehmer und kein Prolet! (Pause) Was sonst noch? Ich war verheiratet und hatte Kinder, konnte lesen und beherrsche die Sprachen der Welt, (zu den Päpsten, höhnisch) mehr als ihr alle zusammen! Damals aber, als ich zu IHM kam, ich gehörte vorher zum Gefolge des Täufers … damals war ich ein Nichts – ein Matrose aus Bethsaida, der stockend wie sein Vater sprach. (Der ältere Wächter, der während Petrus' Reden seinen Geschäften nachgegangen war, zählend, rechnend und schreibend, gibt dem Jüngeren ein Zeichen: *Paß auf! Jetzt ist es soweit: Das große Bekenntnis!*) Und ausgerechnet mir, diesem unbedeutenden belanglosen Mann, diesem Allerweltsgesellen, der nach Teer und Salz und Abfall roch, hat ER die Schlüssel gegeben, das Tau, das ich festzurren und loslassen konnte, und den riesengroßen Anker, mit dem ich SEIN Schiff unter Land halten sollte. *Ich* war der Fels, *ich* bin die Planke, die den Mast mit seinem Segel hält, das, hoch auf See, den Schiffen ihre Wege weist: Hier! Männer! Haltet Kurs! *Ich* war sein Fels – und bin es immer noch – (zu den Bildern) Ihr nicht! Ihr seid keine Fischer! Er hat nichts von euch gesagt, damals in Caesarea Philippi! Von Bootsleuten, die mich beerben sollten, war nicht die Rede – nur von mir und von den anderen um mich herum. *Ihr* habt das Kreuz nicht auf euch genommen: *ihr* wurdet nicht gefoltert, (geht auf einzelne Bilder zu) du nicht, Exzellenz, und du auch nicht, Vicomte, mit deiner Hure im seidenen Bett. *Ich* war der letzte, nicht du, und bin nun der erste, nicht... (bricht ab und besinnt sich) Aber warum? Warum gerade ich? Ich, Simon Petrus aus Galiläa: ein Mensch, der... (sieht die Wächter an: *Ihr hört mir doch zu?* Die Wächter nicken) ich, ein Mann, den die Leute nicht mochten, weil ich immer so jähzornig war, aufbrausend und laut, und hinterher tat's mir dann leid, aber da war es oft schon zu spät... ich, ein bärtiger Gesell, ungehobelt und grob, alleweil vorneweg – mit dem Mund, immer die große Rede geführt und dann klein beigegeben, wenn der Sturmwind kam. Die Leinen gekappt, die Segel gesetzt, heißa, Matrosen! Doch sobald es ernst wurde, war ich unter Deck. (hält inne, dann sehr leise) Ich habe immer Angst gehabt, mein Leben lang – Angst, die keiner außer IHM verstand. ER ganz allein, mit seiner riesengroßen Furcht. Jawohl, ich sage Furcht! (leise) Wäre er sonst, sobald es dunkel wurde, hinaus aus den Städten in die Felder gegangen, weit weit entfernt von den Menschen? Und dann die Todesangst, als wir ihn verlassen hatten, alle in Gethsemane, und er plötzlich begriff, was das heißt: bei lebendigem Leibe zerrissen zu werden, Glied für Glied und Muskel für Muskel. (zum jüngeren Wächter) Da war kein Schiffertau,. mein Sohn, damals, an diesem Freitag, da hat kein Tuch ihn eingehüllt. Da wurde ein nackter Mann von Zimmermannsnägeln durchbohrt, eisernen Dornen, die in sein Fleisch hineingerammt wurden. Da rissen die Peitschen blutige Stücke aus seinem Körper, einem roten gottvergessenen Leib, und dieses Stück von einem Mann, der längst kein Mensch mehr war... das hat er in Gethsemane gesehen. (schreiend) Es kam auf ihn zu! (abbrechend) Und wir? (neigt den Kopf) Ach, wir. (denkt nach) Dabei war ich gewarnt und wußte, wie groß seine Angst war: »Sag es niemand, Petrus, hörst du, behalt unser Geheimnis für dich!« (zu den Bildern) Der Herr, sagt ihr, sei furchtlos gewesen – und ich war sein Fels? Nein! Nein! Wir hatten Angst! Auch er, der ein Mensch war, nicht nur ein Gott, hat, als es zum Kreuz ging, gezagt und getrauert: genauso wie ich, nur noch viel mehr. Die Stunden, bevor es geschieht... (zum jüngeren Wächter) Weißt du, mein Sohn, auch ich bin ermordet worden, am Kreuz, mit dem Kopf zur Erde und den Füßen hoch oben am Balken, weil ich nicht wie mein Herr sterben wollte... die Stunden, zwölf oder vier oder mehr, bevor's soweit ist, da siehst du auf einmal, wie der Tod seinen Rachen aufsperrt, und du schaust ihm ins Maul, gleich schnappt es zu, und da, so hat ein frommer Mann gesagt, geht dann eine solche Not und ein Zittern an, ein solch Zagen und Trauern, daß es ihm durch all seine Gliedmaßen geht, durch Leib und Leben, durch Mark und all sein Gebein, und diese Angst und Traurigkeit hat Christus auch gehabt, viel härter als je ein Mensch; denn das ist ihm vorbehalten und niemandem sonst, daß er nicht wahnsinnig geworden ist. Nein, hat der fromme Mann gesagt, sein Verstand ist ihm lauter, klar und rein geblieben, aber je klarer die Vernunft den Tod ansieht, desto schrecklicher ist er. (zu den Bildern) Versteht ihr's endlich, meine großen Herrn? Er hat mich erwählt, weil ich wußte, was Angst ist. Um meiner Schwäche willen wurde ich – zuerst von IHM, dann von den andern elf – *Fels* genannt – unser Fels. Nein, ich bin wirklich kein Held, im Gegenteil, ich war ein Versager. »Und wenn alle dich verlassen, Meister, ich verlasse dich nicht«: Als ich das sagte, stand ich vor IHM, hob die Rechte zum Himmel und sah den andern ins Gesicht – ein Mannsbild, wie's kein zweites gab, und ach so lächerlich. Der Schmierenkomödiant spielt einen Feldherrn: bombastisch und verlogen zugleich. Eine klägliche Szene! Ich hätte es wissen können, als ER auf mich zutrat, mir die Hand auf die Schulter legte und sehr leise – es sollte ja niemand hören außer uns beiden – zu mir sagte, mit einem traurigen Lächeln: »Ehe der Hahn kräht, wirst du mich dreimal verraten.« (zum jüngeren Wächter, drei Finger hebend) Und ich? Beide Hände hoch in der Luft, die Fäuste geballt, den Kopf in den Nacken geworfen: »Und wenn ich mit dir sterben sollte – ich verrate dich nie!« Ein Mann wie ich spielt gerne Theater: Er hat Temperament, sein Ausdruck ist kräftig, seine Bewegung markant. Befehle zu geben, »an Bord, Leute, beeilt euch«, die Augen zu rollen und den Arm auszustrecken, »alle nach Süden, den anderen nach« – darauf verstand ich mich gut; die große Geste: das war meine Stärke; wenn es zu schwören galt, kam ich immer als erster. Theaterdonner! Krachender Zauber! Das Schwert aus der Scheide gezogen und dem armen Kerl von Soldaten ein Ohr abgeschlagen – das kostete nichts und erregte Erstaunen: Da! Seht doch Petrus an! Der Mann hat Courage! In Wahrheit aber war ich ein Feigling. »Du hast doch auch zu diesem Nazarener gehört.« (schüttelt, voll Verzweiflung, den Kopf) »Der da! Das ist einer von ihnen!« – »Ich, Frau? Ich weiß von nichts.« – »Aber ich sag euch: Er *ist* es. Seine Rede verrät ihn. Er spricht galiläisch.« – »Aus Galiläa sind viele.« (sehr leise) Und dann: »Ich will verflucht sein, wenn ich diesen Menschen kenne. Aber ich weiß nicht, von wem ihr redet. Jesus – wer ist das?« (anderer Tonfall) Nein, ich verstehe ihn immer noch nicht, nach so vielen Jahren, diesen Verrat. Seine Worte waren doch klar; sogar die Zahl stand fest: *dreimal*. Und vorm *ersten* Hahnenschrei. (winkt ab) Trotzdem, ich will nicht zu streng sein mit mir: Die Nacht war kalt, das Feuer angenehm, und die

Magd sprach so freundlich, daß ich einen Augenblick glaubte, sie sei eine von uns: »Du hast doch auch zu diesem Nazarener gehört.« (Pause) »Nein, Frau, ich nicht.« (wehrt noch einmal durch Handbewegungen einen zu raschen Schuldspruch ab) Nicht so schnell, ihr Herren, mit eurem »schuldig«! *Einmal*: das mochte noch hingehn. Aber kein zweites Mal! Keine Flucht nach draußen – ich voran, die Magd hinterher! Keine weiteren Lügengespinste: Posten bezogen, Simon Fels! (macht eine resignierende Geste) Aber ich sagte ja: Ich bin ein Versager. Der Fels ist ein Schwamm, der Stein ist aus Watte. (zu den Bildern) Und eure Kirche ruht auf Sand. (Der jüngere Wächter, der Petrus' Rede mit wachsender Sorge zugehört hat, springt auf) Gemach, mein Sohn! Hör mich zu Ende an! Jawohl, ich habe Schwamm und Sand gesagt, und ich weiß, wovon ich rede. Denk an den Sturm! Hohe See, das Boot im Orkan, und ER – auf den Wellen! Wie ein Gespenst! Ich aber: wieder der Theaterheld, der Caesar vor Jupiter spielt, eine Schauerballade. »Herr, wenn du es bist, so befiehl mir, auf dem Wasser zu dir zu kommen.« – »Gut, Petrus, dann komm.« (geht auf die beiden Wächter zu) Ich: aus dem Boot. Fallwinde. Haushohe Wellen. Das Schiff droht zu kentern, ich will aufgeben – verloren, Petrus! Aber ER nimmt meine Hand, zieht mich zu sich empor und führt mich, über dem Wasser, zum Schiff. (wiederholt leise) »Gut, Petrus, dann komm.« Nein, ich habe ihm nicht vertraut; mein Glaube reichte nicht hin. Auf den Wind und die Wellen, die Nacht und die Wolken hab ich gesetzt, auf die Steuermannskunst und Rettung in Seenot – aber nicht auf IHN. Ich war nur ein kleiner Schiffer, der den großen Kapitän spielen wollte. (Pause) Seltsam, und dennoch hat ER mir – seinem Ersten! – vor allen anderen vertraut und sein Volk in meine Hände gegeben: »Wenn du dich bekehrt hast, Petrus, dann stärke die Brüder und gib ihnen Mut.« (geht an den Bildern entlang) Nun, hab ich mich bekehrt? (schüttelt den Kopf) Nein, nein, ich blieb der alte Gesell: übereifrig, wenn der Lauf begann, und wenn's zum Ziel ging, der letzte. Wie bin ich gerannt, als die Frau uns herbeirief, Maria aus Magdala, »Das Grab ist leer!«, keiner kam mir zuvor, nur ein paar Schritte noch, dann war ich bei IHM, aber als ich dann ankam, hatte mich ein zweiter längst überholt. Und dann der Tag, da unser Herr, der von den Toten auferstanden war, den Jüngern erschien – und ich, wieder einmal der erste, an der Spitze, allen voran, werfe mich in den See, schwimme, als ginge es um mein Leben – und komme als letzter: Die anderen, klüger als ich, hatten sich in die Boote gesetzt und waren gerudert. (sehr ernst) Es bleibt dabei, ich war kein guter Mann – weder sanft wie Johannes noch fromm wie Judas, der IHN ausliefern mußte. Ich bin auch nicht mutig wie jener Paulus gewesen, der mich zur Ordnung rief, als ich mich duckte, weil die großen Herren aus Jerusalem kamen, Inspektoren und Kontrolleure, die mir befahlen, den Tisch nicht länger mit den Unbeschnittenen zu teilen. (flüsternd) Und ich gehorchte und verriet meinen Herrn. (lauter) Nachgegeben, gekatzbuckelt, gedienert: Auf mich war Verlaß, die Herren wußten: Der Mann da braust auf – und hinterher flennt er. (ausbrechend) Nein, nein, nein! Wäre ich an SEINER Stelle gewesen – *ich* hätte dem Fischer Petrus nicht die Würde des Ersten gegeben: ihm zuallerletzt! Er aber hat es getan. (lange Pause, dann in anderem Duktus als bisher – beinahe andächtig) Es war der Abend, an dem sich mein Leben entschied: Die Reise des Simon Petrus begann, der Aufbruch von Jerusalem, die Fahrt nach Rom, das Lernen von Paulus, den ich achtete, weil er streng zu mir war, viel klüger als ich, bedachtsam ins Weite schauend, während ich – immer noch! – zuerst an den Augenblick dachte. Weite Wege, über die Jahre hinweg, und am Ende das einsame Sterben – ein Märtyrertod, der, die Zehen zum Himmel gereckt, zugleich ein wenig lächerlich war: so wie mein Leben. (kramt in seiner großen Manteltasche, holt ein abgegriffenes Büchlein hervor, blättert darin und gibt es dem jüngeren Wächter) Da, lies.

Jüngerer Wächter (liest langsam, wobei er Petrus von Zeit zu Zeit anschaut): Als sie nun das Mahl gehalten hatten, spricht Jesus zu Simon Petro: »Simon Johanna«.

Petrus (lächelnd): Das bedeutet: barjona, Sohn des Jona auf aramäisch.

Jüngerer Wächter: »Simon Johanna, hast du mich lieber als die anderen haben?« Da spricht Simon zu ihm: »Ja, Herr, du weißt, daß ich dich lieb habe.« Und Jesus sagt: »Weide meine Lämmer.« Und wieder die Frage: »Simon Johanna, hast du mich lieb?« Spricht Simon zu ihm: »Ja, Herr, du weißt, daß ich dich lieb habe.« Und Jesus sagt abermals: »Weide meine Schafe«, und fragt wiederum: »Simon Johanna, hast du mich lieb?« Da wurde Petrus traurig, weil er ihn zum dritten Mal fragte: »Hast du mich lieb?«, und sprach zu ihm: »Herr, du weißt alle Dinge und weißt auch, daß ich dich lieb habe.« Und Jesus spricht zu ihm: »Weide meine Schafe. Wahrlich, ich sage dir: Als du jünger warst, gürtetest du dich selbst und gingst deine Wege, wohin du auch wolltest. Wenn du aber alt wirst, wirst du deine Hände ausstrecken und ein anderer wird dich gürten und dich dorthin führen, wohin du nicht willst.« Das aber sagte er, um zu bedeuten, mit welchem Tode Petrus Gott verherrlichen sollte, und als er das gesagt hatte, spricht er zu ihm: »Folge mir nach!«

Petrus (nickt dem jüngeren Wächter zu, legt ihm die Hand auf die Schulter und steckt das Buch wieder ein): Dreimal hatte ich ihn verraten, ehe der Hahn krähte; dreimal durfte ich sagen: »Ja, Herr, ich hab dich lieb«, und als ich's das dritte Mal sagte, sah er mich an, als wollte er mir bedeuten: »Jetzt ist das Wort getilgt: *Ich kenne diesen Menschen nicht.«* (flüsternd) Mein Herr hat mir verziehen. Ja, wir gehören zusammen, wir zwei – genauso, wie auch der Messias und SEIN Judas zusammengehören: der eine, der ausgeliefert sein mußte, und der andere, sein Mitgesell, ohne den es keine Überlieferung gäbe. Jesus, Judas und Petrus starben am Holz ihren gemeinsamen Tod. (zu den Bildern: als ob die Päpste Einspruch erhöben) Ich sage euch, so ist es gewesen! Judas Ischarioth, an dem ich schuldig wurde, weil ich ihn ausstieß aus der Gemeinschaft der Zwölf, war der mutigste unter uns, weil er, seiner Verpflichtung gewiß: »Tu rasch, was getan werden muß«, den schwersten Weg gegangen ist, der sich ausdenken läßt – gehorsam gegen Gott in die Hölle! Ich aber bin immer nur Petrus gewesen, zornig und feig, aufbrausend und zweifelnd, ein ungeschlachter Mensch, der mit dem Fischernetz herumfuchtelte: Hansnarr und Bullerjan, ehe der Herr ihm den Hirtenstab in die Hand gab. (zu den Bildern) Und ich glaube, ihr da oben, ich bin ein guter Hirte gewesen, mit meinen Skrupeln und meiner Angst – und ebendies (zum jüngeren Wächter: ihm zulächelnd) hat unser Herr Jesus gewußt. Ein Mensch mußte Fels sein, kein Gott; ein Polterer und Hasenfuß ist auserwählt worden, die Lämmer zu weiden – und kein Gigant, kein Caesar in der Glorie. (hält inne) Petri Stuhl ist ein dreckiger Schemel, und sein Gewand von Tränen durchtränkt. Tränen der Wut, der Todesangst, des Erbarmens. (zu den Bildern) Ich, ihr Gewaltigen, bin nur ein Fischer; aber ich kann reden, seit jenem Pfingsttag, das sage ich euch, daß ihr mir wie eine Schar von Trappisten vorkommt. Nein, einige nicht! (geht an den Bildern entlang, bleibt vor Johannes XXIII. stehen) Der hier, zum Beispiel. Der hat unter den Zuchthäuslern dieser Stadt eine Rede gehalten, die wahrhaftig Geist von Petri Geiste war. (schwenkt zum Zeichen der Reverenz seinen Hut) Hunderte von kleinen und großen Ganoven – und eine Stunde lang war jedermann ein barjona: ein Kind des Johannes! Du gefällst mir, Giovanni, (geht musternd weiter) und du da, Coelestin, auch, hast dein Käppchen genommen und den Monsignori zu Rom Valet gesagt, bist Eremit geworden und IHM nachgefolgt. (verneigt sich) Hab Dank, Coelestin. (geht weiter, zum Bild Gregors des Großen) Und dann du, mein Gregor, bist zu Petrus gegangen, in seine Kirche, und hast Buße getan, lagst im Staub vor den Pilgern, denn jeder von ihnen konnte der Herr sein, bist ein Mönch gewesen, kein Kriegsherr wie (weit ausholende Geste) ihr und ihr und ihr, im Bund mit den Mächtigen und ungehorsam – in offener Rebellion! – gegen den Gesalbten, der ein Friedensfürst ist. Diener solltet ihr sein, arm unter den Armen, und seid, hoch über dem Volk, Präsidenten geworden – Bankiers und Diplomaten! Lämmer solltet ihr weiden und habt Kaiser gemästet und Schlächter zu euren Spießgesellen gemacht, obwohl doch auch für euch gilt, was einst der Heilige Martin von Tours seinem Kaiser zurief. (vor dem Bild Urbans VIII.) Du hast gewiß nicht vor IHM gebetet mit deiner Aufrüstung – vier Millionen Scudi! – und deiner eigenen Waffenfabrik und hättest doch besser auf Bruder Martins Worte, an den Herrn der Welt, gehört: »Bis heute habe ich dir gedient. Erlaube nun, daß ich Gott diene. Dein Geschenk mag in Empfang nehmen, wer in die Schlacht ziehen will. Ich bin ein Soldat Christi; es ist mir nicht erlaubt zu kämpfen.« (hält inne, sieht sich ein letztes Mal um) Seltsam, zweihundertundzweiundsechzig Männer – und keine einzige Frau. Nepoten, Professoren, Militärs – wo bleibt Maria, die aus Magdala kam und klug war wie Paulus, nur viel lustiger, und predigen konnte sie auch? Und wo sind, ich suche und suche und finde sie nicht, Leute wie ich, Netzeflicker, Bootsbauer und Fischer? Unser Herr, ihr Heiligen Väter, war ein Zimmermann! (beim Hinausgehen, es wird Zeit, der ältere Wächter schaut schon auf die Uhr, vor der Verabschiedung von den beiden, die ihre Sachen zusammenpacken) Sagt einmal, bin ich wirklich der einzige Jude in dieser Versammlung? Und ihr nennt mich Papst? Den ersten womöglich – mich, einen Jud? (blickt fröhlich lächelnd drein, holt Scheine aus der Tasche und verteilt das Geld an die Wächter. Der erste steckt es mit routinierter Verbeugung ein, der zweite zögert, beugt sich über Petrus' Hand, will den Reif küssen, einen Doppelring, wie ihn Verwitwete tragen, aber der alte Mann entzieht ihm die Hand und legt sie dem Jungen flüchtig auf den Kopf.) Gott segne dich, mein Sohn. Ich komme wieder.

»Ich nehme das Urteil an«

Pilatus

Ein leerer Gerichtssaal, Stühle, Tische und Bänke: alles schäbig, eher an eine Szene in Kafkas »Prozeß« als an ein gewöhnliches Tribunal erinnernd. Zwei Männer, die einander sehr ähnlich sind, betreten den Raum und nehmen ihre Plätze ein: der Richter, mit einer Maske vorm Gesicht und einem großen schwarzen Hut, geht zum Podest, ordnet Bücher und breitet Papiere aus; der Angeklagte stellt sich hinter die ihm vom Richter zugewiesenen Schranken.

RICHTER: Sie heißen?

ANGEKLAGTER: Pilatus. Aus dem Haus der Pontier. Einer meiner Vorfahren war an der Ermordung Caesars beteiligt. Aquilius. Sie werden ihn kennen, Herr Richter. Er fiel im Krieg. Sein Ende war ehrenvoll.

RICHTER (abwinkend): Ich weiß: Man versteht sich auf Mord in Ihrer Familie.

PILATUS (leise): Ich bin unschuldig.

RICHTER: Schon notiert. Nicht schuldig im Sinne der Anklage. Ihr Beruf?

PILATUS (sehr entschieden): Ich bin Ritter.

RICHTER: Ihr Beruf, Mann! Nicht Ihre Herkunft!

PILATUS: Präfekt von Judäa. Zehn Jahre.

RICHTER: Das ist lange her. Das Gericht will wissen, wer Sie *sind*, nicht was Sie *waren*.

PILATUS: Ich gebe Stunden. Eine Handvoll Schüler, manchmal sind's sogar zehn. Davon kann einer leben wie ich. Eine Kammer, draußen vor der Stadt, Sie können's auch Höhle nennen, Herr Richter, ein bißchen Brot und eine Schale voll Wein. Mehr brauche ich nicht.

RICHTER: Also Lehrer ... oder was sonst?

PILATUS: Ich unterrichte Soldaten, die nach Judäa abkommandiert sind. Und dann die Christen natürlich.

RICHTER: Soll das heißen ...?

PILATUS: Ja, ich habe Hebräisch gelernt. Nur mit dem Tempora hapert's noch immer, und manchmal erfinde ich Plusquamperfekte, die es bei den Juden gar nicht gibt (gerät ins Erzählen, der Richter hört aufmerksam zu), und dann das Geschlecht, Herr Richter: die Stein und die Bauch und die Wurm und die Schwert; ich habe lange gebraucht, ehe ich die Sprache beherrschte.

RICHTER: Erzählen Sie nur weiter, ich habe Zeit.

PILATUS (in Gedanken): Ein römischer Statthalter – ein Ritter aus erlauchtem Geschlecht: es gab die Pontier schon, als Jerusalem noch ein Wüstendorf war – lernt die Grammatik von Steppenbewohnern – palästinensisches Aramäisch! Hockt abends, statt Akten und Steuertabellen zu lesen, über einer Rolle in syrischer Schrift: arsa, das Bett; zeqqa, der Schlauch; luna, die Tafel; kasa, der Becher. (sehr leise) Das ist seltsam, nicht wahr, Herr Richter? Ein Prokurator, dem sein kleiner jüdischer Schulmeister sagt: Ihr lernt es niemals, Präfekt. Aber ich *hab'* sie gelernt, ihre Sprache.

RICHTER (hart zwischenfragend): Und warum?

PILATUS: Weil ich neugierig war, weil ich erfahren wollte, wie sie einander aufs Kreuz legen in ihren Debatten, worüber sie lachen, wie sie ihre Witze formulieren und warum es ihnen gelingt, die großen Wahrheiten hinter einem flinken Wort zu verbergen! Und dann die Metaphern, Rätselsprüche, Vokabeln mit doppeltem Boden! Das Meer von Schweigen um ein einziges Wort: GOTT – eine Pause! Der Name des Höchsten – verschluckt!

RICHTER: Der römische Präfekt – ein halber Jude: Meinen Sie wirklich, Angeklagter, ich würde das glauben?

PILATUS: Ein halber Jude? Nein. Natürlich nicht. Doch auch kein Römer mehr. Oder meinen Sie, Herr Richter, es sei Zufall gewesen, daß ich zehn Jahre lang kein einziges Mal hier in Rom war? *Versteppt,* sagten sie in Italien, Pilatus ist *versteppt,* dem hat der Wüstensand die Sprache verschlagen: Wartet nur ab – ein paar Jahre noch, und wir können seine Vorhaut versteigern. Praeputium Pilati als Reliquie, in Rom ist das einer der ältesten Witze. Ich – Jude? Gewiß nicht. Aber ein Römer, wie ich's einmal war, ein strammer Soldat, der den Juden in der Provinz den Unterschied zwischen Provinz und Weltstadt verdeutlicht, das war ich schon lange nicht mehr. Weiß Gott, die Zeit war bald vorbei, da ich die Widmung an den Kaiser im Herodespalast aufstellen ließ, nur um die Juden zu reizen. Arrogante Machtdemonstration, weiter nichts! Die Besatzer zeigen, wer Herr im Haus ist, und der Chef geht voran! Als ob ich das nötig gehabt hätte: ihren Tempel zu plündern und nachts die Kaiserstandarten in die Stadt einziehen zu lassen; mit Musik und Fackeln natürlich, wie sich's gehört – die Soldaten als Schauspieler, die Fahnen als Requisiten und das Volk, der Stehplatzpöbel, ringsum an den Fenstern.

RICHTER (sehr ruhig): Ach, Pilatus, die Standarten – die waren's nicht. Auch die Weiheschilder im Herodes-Palast – aufgestellt, um die Juden zu reizen, gut, vergessen wir das. Aber die Plünderung des Tempelschatzes: das zählt schon mehr. Und dann die Ermordung der Beter vor dem Allerheiligsten; das Gemetzel unter den Wallfahrern, draußen vor den Toren der Stadt, und die Todesurteile, Exekutionen:

Kreuzigung, Ermordung durch wilde Tiere, Auspeitschen, Steinigen, Foltern!

PILATUS (hält sich die Ohren zu): Ich weiß! Es ist alles notiert! (holt ein Papierbündel aus der Tasche) Ich habe Buch geführt: Siebenhundertzweiundzwanzig Todesurteile in den ersten neun Jahren. Danach, in meinem letzten Jahr: kein einziges mehr. Siebenhundertzweiundzwanzig, Herr Richter: Männer, Frauen, alte Leute, Krüppel, Schwangere, sogar einige Kinder – das jüngste war ein Mädchen, das aus Schabernack ein Wahllokal in Brand gesteckt hatte: acht Jahre alt. (blättert in den Papieren) Josaphat, zweiunddreißig, gekreuzigt im ersten Jahr der Präfektur des Pontius Pilatus; Martha, einundvierzig, erwürgt im dritten Jahr; Aaron, vierzehn, durchs Schwert getötet, am Laubhüttenfest; Salomon, einundneunzig, im sechsten Jahr, vor Vollstreckung des Urteils auf dem Weg zum Galgen verstorben; Johanna, mitsamt einem Ungeborenen im Leib, ebenfalls in meinem sechsten Jahr; Samuel…

RICHTER: Genug.

PILATUS (fährt unbeirrt fort): Samuel, gekreuzigt im neunten Jahr. Der letzte Name..

RICHTER: Bis auf einen.

PILATUS (schreiend): Aber ich wollte es nicht!

RICHTER: Jeschua aus Nazareth, gekreuzigt unter Pontius Pilatus, im zehnten Jahr der Statthalterschaft.

PILATUS (auf die Papiere deutend): Das Buch sollte geschlossen bleiben, und zwar für immer. Spalte eins: Name des Getöteten – nichts mehr. Spalte zwei: Herkunftsort – ebenfalls nichts. Spalte drei: Tatbestand – Schluß damit! Spalte vier: Hinrichtungsart – endgültig erledigt. Spalte fünf: Tag der Hinrichtung – ad acta gelegt. Spalte sechs: Besondere Vorkommnisse – keine.

RICHTER (ironisch): Das hieße also, wenn ich Sie recht verstehe, Angeklagter, bitte, berichtigen Sie mich, Pilatus hätte sich bekehrt? Der Statthalter Roms – ein Konvertit in der Wüste?

PILATUS: Ja. Durch Jesus von Nazareth.

RICHTER: Von einem Tag zum andern? Und da sag' einer noch, es gäb' keine Wunder.

PILATUS: Nein, so war es nicht. (zeigt auf ein Glas Wasser, *ich darf doch?*, der Richter nickt, Pilatus trinkt) Je länger ich in Jerusalem war, desto mehr begann ich sie zu bewundern, die Juden. Diese Logik, Herr Richter, diese Kunst, mit Gedanken zu spielen: nirgends ein *gut*, das nicht noch besser sein könnte, nirgendwo eine Vorschrift, ein Artikel, ein Axiom, das nicht genauer formuliert werden müßte. Vortrefflich ist zu wenig, damit geben sich Dilettanten zufrieden; absolut muß alles sein, endgültig und unwiderrufbar. (zum Richter hin vorgebeugt) Das ist bewundernswert: wie sie an den Buchstaben glauben, in ihrer Wüste, an das Gesetz und die Schrift; wie sie nur *einen* Gedanken haben, einen einzigen: GOTT und nur *ein* Heiligtum, das Wort, während wir uns mit Najaden und Faunen begnügen, die sich aufs Kopulieren verstehen ... und sonst auf gar nichts. Unsere Götter sind dumm. Und dagegen *sie,* mit ihrer Philosophie und den Winkelzügen der Rabulistik, dem Witz und der Freude an der Paradoxie.

RICHTER (wieder ironisch): Sprechen Sie weiter, Pilatus; es ist angenehm für das Gericht, Ihren Worten zu lauschen.

PILATUS (unbeirrt): Vielleicht haben Sie recht, diese Juden, und wir sind wirklich Barbaren. Was zählt schon unsere Kunst, Brücken zu bauen, verglichen mit ihrer Fähigkeit, noch aus purem Aberwitz Funken zu schlagen: »Wieso steht die Maxime der Sabbat-Deutung im Einklang mit dem Gesetz: ›Einem Lehrer ist es gestattet, dem bei Licht lesenden Synagogen-Schüler über die Schulter zu schauen, er selbst aber darf das Licht keinesfalls zu eigener Lektüre verwenden‹?«

RICHTER: Ich danke Ihnen, Angeklagter, Ihre Unterweisung war sehr lehrreich. Nun aber zur Sache: Jesus von Nazareth. Ihre erste Begegnung – wann war das?

PILATUS: An jenem Freitag.

RICHTER: Und – ich darf es doch sagen, nicht wahr? – Ihre Bekehrung?

PILATUS: Ein Jahr zuvor. Der Mann interessierte mich, müssen Sie wissen – er selbst und seine Gemeinde, keine Heiligen, sondern Männer und Frauen – Frauen, die mit ihm sprachen und das Wort Gottes auslegten, kleine Leute und scharfsinnige Gesetzeslehrer, Fischer und Rechenkünstler, eine bunte Schar. Meine Spitzel – Verbindungsmänner, Vertrauensleute und Wächter – haben jeden seiner Schritte verfolgt, waren eingeschleust in seinen Kreis: Lesen Sie meine Berichte nach Rom. Ich wußte alles, was in Palästina geschah. Meine Leute waren unter den Pharisäern und im Hohen Rat, gingen im Tempel ein und aus, in den Wohnungen der Großen Priester und in ihrem Gerichssaal. Ich habe alle gekannt, damals in Palästina: die hohen Gesetzesausleger im Bethaus und die Handelsherren, die ihre Geschäfte machten, während das Volk sich verneigte. Vor allem aber kannte ich IHN: Jesus, der aus Nazareth kam. Sehen Sie, Herr Richter, da war einmal ein Römer, der kein Römer mehr war, und da war ein Jude, der sich lieber mit Zöllnern und Huren als mit jenen Priestern umgab, denen es ums Geld ging und nicht um Gott: ein Jude, der von den Mächtigen seines Volkes, den Bankiers und Politikern, nicht minder verachtet wurde als von den Hofschranzen zu Rom der Prokurator Judäas.

RICHTER: Akten, Angeklagter, können lügen, Spitzel die Unwahrheit sagen.

PILATUS: Aber nicht er selbst!

RICHTER: Wie? Ich dachte, Sie seien einander niemals begegnet, vor jenem Freitag?

PILATUS: Aber ich hab' ihn gesehen (sehr leise, mit gesenktem Kopf) Es war ein Tag im November: Samuel aus Caesarea, ein Bäcker, wurde gekreuzigt, dreitausend Leute schauten zu; denn Samuel ist ein Spaßvogel gewesen – die Menschen freuten sich auf einen letzten Auftritt am Galgen, und Samuel, der Bäcker, sang seine Nummern: »Die alte Frau und der Wolf«, wobei er, teils im Falsett, teils mit Gebrumm, eine Verfolgungsjagd inszenierte: die Alte voran, der Wolf hinterher; und dann »Der Hund und die Wurst«, ein Dreiminutenstück, das, mit seinem Fauch- und Jaul- und Kratzgeräusch, Samuels Glanznummer war. Bedenken Sie, Herr Richter: am Kreuz! Samuel versuchte, zum letzten Mal, einen Hund jaulen zu lassen – und die Leute lachten dazu: »Du mußt bellen, Samuel!«, »Hat Bello die Grippe?«, »Nimm dich zusammen, Samuel!«, »Wirst sehen: Es geht schon!«, »Hast es noch immer geschafft!« Aber der Bäcker hörte die Stimmen nicht. »Da kommt nichts mehr heute«, sagten die Leute, »der ist schon hinüber.«

RICHTER: Das ist keine gute Geschichte. Ihr fehlt die Pointe: Der Bäcker Samuel starb am Kreuz, weil der Statthalter Pontius Pilatus ihn hinrichten ließ.

PILATUS (beinahe flüsternd): Ja, das ist wahr. Er hatte an einem Putsch teilgenommen. Warum? Weil er vor seinen Freunden den Kerl herauskehren wollte. Und ich hab' ihn getötet.

RICHTER: Ermordet. Wir wollen genau sein, Pilatus. (kramt in Papieren) Übrigens, warum erzählen Sie mir diese Geschichte?

PILATUS: Aber das habe ich doch gesagt! Weil ich IHN sah, er schaute umher, erkannte mich nicht; ich aber sah … nein, nicht ihn: Der gekreuzigte Samuel blickte mich an – der Mann am Galgen da oben mit seinem Jaulen und Bellen und Winseln und Stillsein. Er – ich schwöre, so ist es gewesen – war zu Samuel, dem Bäcker aus Caesarea, geworden und ließ sich mit ihm zusammen die Arme zerreißen, schluchzte, schaute auf, bat um einen Schluck Wasser und war zugleich der Rabbi, der aussah, wie Priester aussehen, wenn ein Mensch stirbt: gütig und sanft. Verstehen Sie, Herr Richter? Er war Rabbi und Bäcker, stand unter den Leuten und hing doch am Kreuz, sprach Trost zu und schrie. Schrie? Er brüllte vor Schmerz! (hält inne)

RICHTER: Weiter, Pilatus, vergessen Sie nicht: Ihre Geschichte beginnt erst.

PILATUS: Seit diesem Tag, Herr Richter, finde ich keinen Schlaf mehr, nachts nicht und schon gar nicht am Tage: denn jetzt wußte ich, was das heißt: *verrecken am Kreuz*. Seitdem der Mann mir den Kopf umgedreht hat, hänge ich selber am Kreuz. (schlägt die Hände vors Gesicht) Vierzig Jahre alt mußte ich werden, um zu lernen, was das ist: ein Feuer, das dein Fleisch verbrennt; ein Nagel, der dir durch die Hand geschlagen wird; ein Erdklumpen, der dich erstickt; eine Wanne, die dir zum Grab wird. (spricht immer schneller) Ausgerissene Fingernägel, zerquetschte Hoden, abgeschnittene Lider, gepeitschte Nieren, durchstochene Zungen: Das, Herr Richter, waren, wenn ich denn doch einmal schlief, meine Begleiter bei Nacht. Aber schlimmer noch als die Nächte waren die Tage: Dann nämlich dachte ich darüber nach, für welchen Schreckenstod ich aufbewahrt sei. Am Galgen? Von einer Schlinge langsam erwürgt? Ertränkt, mit einem Stein um den Hals? Oder – das Grauenvollste von allem – gefesselt und dann in einem luftdicht abgeschlossenen Sarg erstickt: aufgemacht und zugesperrt und noch einmal und wiederum und wiederum und dann für immer? ER durfte nicht gekreuzigt werden, Herr Richter! Hören Sie? Auf gar keinen Fall! Seit dem Novembertag, als ich, durch IHN unterwiesen, die Front gewechselt hatte, gab es für mich keine Entschuldigung mehr, wenn ich ihn hinrichten ließ ... und täte ich's doch, dann würde mich die schlimmste – aber einzig gerechte! – Strafe erwarten: lebendig begraben zu werden. Nicht heute, nicht morgen, nein, schlimmer noch, weit furchtbarer – irgendwann! Doch *dieses* Irgendwann, auf das ich zugehen müßte, wäre absolut sicher: Jetzt ist es soweit, das Grab ausgehoben, das Kommando bestellt, der Totengräber bereit. Sie machen sich auf, sind an der Tür, brechen sie auf... (hält inne) Ich *mußte* ihn retten.

RICHTER: Ja, Pilatus, jetzt wird es ernst.

PILATUS: Es war früh am Morgen, als sie ihn brachten: strähnige Haare, struppiger Bart, die Augen blutunterlaufen, zwischen dem rechten Ohr und dem Mund eine Wunde, die pflaumengroß war. Hautabschürfungen am Hals und den Armen, im Gebiß fehlten zwei Schneidezähne.

RICHTER: Sie erinnern sich genau.

PILATUS: Ja, so steht's im Protokoll: Die Sadduzäer haben ihn auspeitschen lassen. (verächtlich) Sadduzäer! Große Herren, die gemeinsame Sache machten, mit uns. Die Reinen und Feinen. Immer fromm getan und die Mündchen gespitzt und dem Volk Verachtung bezeugt: Dieser Pöbel glaubt doch tatsächlich an Engel und Geister zwischen Himmel und Erde! Lächerlich! Und dann erst die Auferstehung: Humbug für Verkäuferinnen und dumme Matrosen! Die Herren wollten Jesus erledigen, weil er ihnen die Tempelgeschäfte verdarb, und hatten nur einen Gedanken: Dieser Mann muß weg! Was ist schon der Tod eines Menschen, verglichen mit dem Kapitalverlust der herrschenden Schicht; was zählt eine Kreuzigung gegenüber den Zinseinbußen der Aristokratie in Judäa? (macht ein Fingerzeichen) Nicht *so* viel! Ja, ich hatte die Sadduzäer durchschaut. Kein Kunststück übrigens – meine Spitzel saßen mitten unter ihnen, verläßliche Leute, als der Große Rat in der Donnerstagnacht sein »Schuldig« aussprach: schuldig der Zauberei, der Volksverhetzung, des Anstiftens zum Aufruhr und – dies vor allem! – der Lästerung im Angesicht Gottes.

RICHTER: Gut. Und was haben Sie darauf getan? Es war Ihnen doch bekannt – nicht wahr? –, daß die Sadduzäer die Anklage wegen Häresie, die Sie, Angeklagter, nichts anging, in einen politischen Prozeß umwandelten - mit dem einzigen Ziel, Jesus hinrichten zu lassen. Der Gotteslästerer mußte Rebell, der Verleumder Jahwes ein Feind des Kaisers sein.

PILATUS: Und darum meine Gegenstrategie: Der Delinquent sei Galiläer, fiele also in die Botmäßigkeit des Fürsten Herodes: an ihm und nicht an mir sei es, den Beschuldigten zu verhören. Ich hatte Zeit gewonnen; aber das war, wie sich bald herausstellen sollte, nicht viel. Herodes nämlich hatte einen Wunderheiler erwartet, der ihm beim Mahl seinen Lieblingshund, der gerade verendet war, aufwecken sollte: Die Heilung eines toten Afghanen konnte, glaubte ich, Jesus retten: Allez-hopp, Wundertäter, tu deine Pflicht! Doch Jesus schwieg, und Herodes wurde ärgerlich: Lieber Pilatus, was soll ich mit dem toten Fisch?

RICHTER: Ein törichter Plan, Angeklagter. Hatten Sie im Ernst geglaubt, ausgerechnet Herodes sei an Märtyrern interessiert? An Spaßmachern: jawohl. An Ehrenmännern nicht. Fahren Sie fort.

PILATUS: Gut. (trinkt einen Schluck Wasser) Plan eins war gescheitert, blieb noch Plan zwei: Ich mußte ans Volk appellieren.

RICHTER (sehr erstaunt):Wie? Ans Volk? Ja, glauben Sie denn wirklich, das jüdische Volk würde sich, beim Kampf zwischen den Sadduzäern, ihren eigenen Leuten, und dem Römer Pilatus, ausgerechnet für den Besatzer entscheiden?

PILATUS: Nein. Aber für Jesus: Schließlich hatte es fünf Tage zuvor noch Palmzweige vor die Hufe seines Esels gelegt.

RICHTER: Ja, das war liebenswert. Doch leider ohne Konsequenzen. Das Volk hat ein kurzes Gedächtnis.

PILATUS: Vergessen Sie nicht: Ich hatte einen Trumpf in der Hand – ein Ersatzopfer, das ich den Leuten anbieten konnte: Barrabas, einen Mörder.

RICHTER: Schon verspielt. Barrabas war in den Augen des Volkes ein Held – ein Mann gegen Rom. (schüttelt den Kopf) Tut mir leid, ich kann Ihnen nicht helfen, Angeklagter; Ihr zweiter Plan war so schlecht wie der erste, der Einfall mir dem Volk nicht besser als die Idee mit Herodes.

PILATUS: Ich bin noch nicht am Ende. Stellen Sie sich vor, Herr Richter. An diesem Freitag wurde ein Mann auf einen hohen Stuhl gesetzt, so daß das ganze Volk ihn sehen konnte – Jesus von Nazareth, den man in einen Mantel aus bemalter Pappe gesteckt hatte – ein Lumpenkleid, das wie ein Königswams aussah, von einem Kind gemalt. Der große König in rotem Papier. Nicht einmal ein Fetzen Tuch hüllte den Leib des Gefangenen ein; da war nur Pappe über nacktem Fleisch. (sehr leise, als hätte er die Szenerie in diesem Augenblick leibhaftig vor Augen) Und dann das Königszepter, der Stengel mit einer Knolle am Ende, und die Krone aus Disteln und Dornengestrüpp, das mit Vogeldreck beschmiert worden war: »Steh auf, Jude«, hab' ich gesagt, »und schau sie dir an, die dich kreuzigen wollen. Und du, Volk von Israel, neige das Haupt vor deinem König.«

RICHTER: Und was tat das Volk?

PILATUS: Es blieb stumm. (Der Richter nickt befriedigt)

RICHTER: Und dein Gefangener?

PILATUS: ...versuchte sich am Balkon aufzustützen. Aber seine Kräfte reichten nicht aus. Wie ein Stück Vieh sah er aus: ein Kalb, das der Metzger über den Bock legt, bevor er ihm den Todesstoß gibt. Das war der Augenblick, in dem ich den Soldaten befahl, den Gefangenen wieder auf den Stuhl zu setzen und ihn, damit er nicht umkippte, an den Schultern zu packen. Ich selber habe sein Kinn hochgehalten, damit das Volk das blutige Gesicht sah und die weit geöffneten Augen: *Dies hier, Juden, war einmal ein Mensch wie du und ich.* Es wurde totenstill, danach, und ich hatte Hoffnung, daß mein letzter Versuch, den Gefangenen zu schützen, erfolgreich sein würde. Nicht, um IHN zu quälen, sondern um das Volk mitleidig zu stimmen, hatte ich den Mann geißeln und verhöhnen lassen. Es war *mein* Einfall, dem Opfer die Zeichen eines Lumpenkönigs zu geben; *ich* hatte die Idee mit dem Papierwams und der Distelkrone gehabt, *ich* dafür gesorgt, daß der Gefangene mit einem Rauschtrank betäubt wurde, bevor man ihn schlug. Vergebens, alles umsonst.

RICHTER: Ein törichter Plan – kaum besser als die beiden anderen. Sie kennen das Volk nicht, Pilatus. Der Streit war entschieden, bevor er begann. (spricht, die Parteien imitierend, den Text vor) »Ich habe keine Schuld an ihm gefunden.« – »Weil du unsere Gesetze nicht kennst.« – »Jesus ist freundlich, Barrabas des Mordes überführt.« – »Besser ein Mörder als ein Gotteslästerer.« – »Ihr solltet Mitleid haben mit diesem einen.« – »Hatte er denn Mitleid mit uns? Er wollte den Tempel zerstören.« – »Gut, dann kreuzigt ihn selbst, wenn denn getötet werden muß.« – »Das ist uns verboten.« – »Dann tu ich es auch nicht.« – »Weil du kein Freund des Kaisers bist. Dein Nachfolger wird geben, was du uns verweigerst.« Verspielt. Pilatus. Keine Chance mehr.

PILATUS: Eine doch – und zwar die größte. Das Gespräch mit IHM selbst und meine Bereitschaft, ihm in letzter Sekunde zu helfen.

RICHTER (beugt sich vor; eine Pause markiert die Spannung): Das wußte ich nicht. Das könnte alles verändern. Erzählen Sie, Angeklagter. Ich höre zu und werde Sie nicht unterbrechen.

PILATUS: Unser Gespräch begann mit der Verlesung der Aussagen meiner Spitzel: »geht abends aus den Städten hinaus auf die Felder«; »verbirgt sich draußen, abseits der Straßen, allein«; »fürchtet sich und weint, wenn er ans Sterben denkt«. Unmöglich, für so einen Mann, die Marter am Kreuz, das Zerreißen der Glieder, das Aufplatzen des Leibs und das Brennen des Bluts durchzustehen. Und dann die Verzweiflung der Getreuen, die Angst der Jünger und das Elendslos der Geschwister und Eltern, die, beim Anblick des schmachvoll Krepierten, verzagten, diesem Tod fern, fern von Gott. Was könnte es, fragte ich IHN, in solcher Lage Besseres geben als ein plötzliches Wunder: Pilatus – der Helfer, der den Verkleideten über die Grenze zu verläßlichen Leuten bringt, die ihn versorgen und aufnehmen würden.

RICHTER: Und er?

PILATUS: Sagte kein einziges Wort. (Der Richter nickt) Doch ich fragte weiter: ob es nicht besser sei, statt des schimpflichen Todes ein Leben zu wählen, das ihn seine Schuld wiedergutmachen ließe…

RICHTER: Sie sagten *Schuld*, Pilatus?

PILATUS: Ja! Schuld an dem Tod der Kinder, die in Bethlehem krepierten, damit ER, der Einzige, lebe. Schuld an Lazarus' Verzweiflung, der nun, da er den Tod kannte, das Sterben tausendfach mehr fürchtete als früher. Schuld am Elend des Mannes, Judas Ischarioth, der, unter den Jüngern, der getreueste war – und so einsam, ohne ein Wort des Verstehens, *ich danke dir, Freund,* zur Hölle gefahren. Schuld an der Verdammnis der Kriegsknechte, die, ausgelost, Jesus annageln mußten; denn Befehlsverweigerung bedeutete den sicheren Tod.

RICHTER: Er aber schwieg.

PILATUS: Und ich redete weiter – immer schneller, die Zeit verging allzu rasch. Ob er denn nicht bedenke, wie oft er sich geirrt habe in seinem Leben: wie er den Jüngern versprochen habe, daß sie die Neue Welt mit anschauen würden? Wie er den Wechsel der Zeiten gebunden hätte an sein Leben und Sterben? Und nun die Verzweiflungstat! Der verwegene Versuch, den Vater zu zwingen, sich zu erkennen zu geben! Und wenn das Wunder ausbleibt, hab' ich gefragt, was ist dann?

RICHTER: Kein Wort.

PILATUS: Aber immer noch Zeit! Und immer noch eine Chance. Der sechste oder siebte Versuch schon – doch noch gab ich nicht auf. »Du bist kein Politiker, Herr.« Jawohl, ich habe *Herr* zu ihm gesagt, wie's seine Schüler tun: Er *war* mein Herr in diesem Augenblick! »Die Sadduzäer sind stärker als du; sie haben das Volk in der Hand. Nur wir beide zusammen sind in der Lage, eine Welt zu begründen, wie du sie erträumst; ohne Furcht, ohne Verzweiflung, ohne Hunger und Elend. Ein Wundertäter und ein Präfekt, der am Kreuz des Spaßmachers Samuel bekehrt worden ist – wer – Jud oder Römer, könnte ihnen Widerstand leisten?« Aber er lächelte nur ... nun, das wußte ich, blieb mir nur noch ein einziger Trumpf: Ich mußte ihn überzeugen, daß seine Prophezeiung dahin sei, wenn er *einen* Menschen – mich! – in die Hölle hinabstürzen ließe, indem er mich zu seinem Mörder machte. Und da, auf einmal, begann er zu sprechen, hob die Hände vor sein Gesicht, richtete sich auf und betete zu seinem Gott, er möge den Versucher schweigen lassen, den Teufel, der sich zum zweiten Mal an ihn herangemacht habe: viel klüger und verschlagener redend als damals auf der Spitze des Bergs. (neigt den Kopf) Es war gegen Mittag. Die Menschen, draußen im Hof, begannen gegen die Tore zu schlagen und riefen immer lauter: »Kreu-zi-ge ihn!« Es war wie ein Stundengebet, bei dem Vorsprecher und Chor Blutsbrüderschaft tranken, und da endlich begriff ich: Es war vorbei, ich hatte verspielt und konnte tun, was ich wollte. Alles vergebens: Es gab, unter dem finsteren Himmel erdacht, einen Heilsplan, in dem Pilatus die Rolle des Mörders zukommt. Ein Plan, ein Rahmen, ein Mann: du bist verloren, Pilatus. (hält inne, spricht dann sehr langsam) Was – habe – ich – falsch – gemacht? (schreiend) Der

Himmel glüht über Rom, die Fackeln brennen, und die Kreuze leuchten wie Späne, an denen man die Christen aufhängt, um sie dann, mit Tierfellen bekleidet, von Leoparden, Bären und Tigern zerfleischen zu lassen – heißhungrigen Bestien. Und die Kinder, die man mit Wachs und Pech beschmiert und dann verbrennt! Und ... und ... (bricht erschöpft ab)

RICHTER: (nimmt seine Maske ab und zeigt Pilatus' Gesicht: der Dialog war ein Zwiegespräch gewesen, ein Seelendisput zwischen Ankläger und Verteidiger): Das Gericht versteht, daß ein Leben im Angesicht der gemarterten Christen nur ertragen werden kann, wenn der Angeklagte die Schuld auf einen anderen wälzt: den Mann am Kreuz. In Wahrheit aber hat das Gespräch nie stattgefunden, auch wenn, davon ist das Gericht überzeugt, der Beschuldigte selbst daran glaubt. Im klaren Wissen, daß die Anklage gegen Jesus von Nazareth nicht der Wahrheit entsprach, suchte er nach Ausflüchten, die ihm nicht halfen, und gab auf, als die Menschen ihn als Feind des Kaisers bedrohten. Wider besseres Wissen fügte er sich den Flüchen des Volks und gab Jesus preis. Er wird sterben: erdrosselt von eigener Hand. An einem Nagel, in dem die Menschen eines Tages ein Amulett vom Golgatha-Kreuz sehen werden, hängt die Schlinge, in der sich Pilatus erhängt. Über dem Nagel, auf einem Brett, stehen die Buchstaben »IIP«. Man wird rätseln, was die drei Zeichen bedeuten: »Judas – Jesus – Pilatus« oder »Iudex Iniustus Pilatus«. Noch ist der Fall Pilatus nicht zu den Akten gelegt.

PILATUS: Ich nehme das Urteil an. Ich habe getan, was in meiner Kraft stand: Es war zu wenig. Ich bekenne mich schuldig.

»Hab' Erbarmen mit mir, Servet«

Das Testament des Philipp Melanchthon

Personen
Philipp Melanchthon
Scholar Jonas
Lucas Cranach d.J.

Melanchthon, von einer schweren fiebrigen Erkrankung gezeichnet, im Sessel, der als Bett zugerichtet ist. An seiner Seite ein kleiner Tisch mit Arzneien, daneben Bücher. Auch auf dem Boden und einer Art Etagere liegen, ungeordnet, Druckschriften unterschiedlichen Formats, Schreibpapier und -gerät. Melanchthon, am Tag vor seinem Tod, also am 18. April 1560, trägt seine Anweisungen, Meditationen, Selbstgespräche und Gebete mit prägnanter Intonation vor: geschwächt, aber klaren Sinns. An der Fußseite des Sessels sitzt ein Scholar, Jonas, dreizehnjährig, kindlich redend und intelligent. Im Hintergrund der Schatten einer nur umrißartig erkennbaren Figur, die als Schreiber gedeutet werden könnte – offenbar hat sie eine Tafel oder einen Block auf den Knien: von Zeit zu Zeit sind raschelnde Geräusche vernehmbar, als ob jemand schriebe oder zeichnete. Die Figur wird von Melanchthon als Joachim angesprochen: Der Sterbende glaubt augenscheinlich, daß sein ältester und nächster Freund, der Philologe Joachim Camerarius, anwesend sei.

MELANCHTHON: *Von nun an auf seinen schweigenden Partner, eine imaginäre Person, der er gleichsam eine testamentarische Beichte vorträgt, bezogen:* Leben des Melanchthon, von Joachim Camerarius beschrieben, *durchblättert einen Papierstapel auf seinen Knien,* zweihundert Blatt, viel zuviel wieder einmal, die Hälfte genügt. Du bist zu weitschweifig, Joachim. Ich bin's auch, Doktor Martinus ohnehin. Erasmus ebenfalls. Leider. Die Buchdruckerkunst hat uns alle verdorben: Heute ein Gedanke zuhaus, morgen ein Manuskript in der Offizin, übermorgen gesetzt, und in ein paar Wochen in aller Welt. Jeder von uns: ein beinahe göttliches Werkzeug. Schreib das auf, Camerarius. Es ist wichtig. *Beugt sich vor, doziert mit ausgestrecktem Zeigefinger:* Stell dir das vor: Aristoteles und Thomas in einer Druckoffizin, beide Schreiber und Korrektoren in einer Person – um sie herum eine Schar von gebildeten Leuten: »Gefällt euch das Druckbild? Ich habe mir erlaubt, einen Absatz einzufügen. Der Text liest sich jetzt leichter. Und die neuen Typen? Phantastisch, nicht wahr?« – Dantes *Divina Commedia*, herausgegeben im Hause Manutius zu Venedig; die *Summa* des heiligen Thomas, gedruckt bei Amorbach in Basel oder in Tübingen, wo Magister Philippus für die Bonität der Firma Anselm besorgt ist. *Blättert im Manuskript.* Schade. *Ein* Kapitel fehlt in deinem Manuskript: Ich nenn's *loci amoeni Melanchthonis* oder Wo du deinen Freund zu suchen hast, wenn du sagen möchtest: Er war, trotz aller Widrigkeiten, ein glücklicher Mensch. Also schreib, eins, zwei, drei, recht nach der Ordnung, so wie ich es mag. Melanchthons Lieblingsplätze. Erstens: die Druckereien, in denen gearbeitet wird. Zweitens: In ihrer Umgebung die Gärten, wo – wie denn sonst? – die ersten Geister Europas bei einem schlichten Mahl und amüsanten Gespräch, wenn's nach uns beiden ginge, auf griechisch, ihre Gedanken austauschen, mit willkommenen Gästen natürlich: Platon und Augustin, Cicero und Galen, dazu Terenz, damit es nicht gar zu feierlich wird. – Wo war ich stehengeblieben? Richtig. Selbstverständlich Punkt drei: Das Katheder, das Pult in *meinem* Auditorium, dem größten in Deutschland. Fünfhundert Studenten in einem einzigen Saal, auf Treppen und Gängen, vor mir, in meinem Rücken, überall. Philipp Melanchthon, achtzehn Jahre alt, hält zu Wittenberg seine Antrittsvorlesung – um ihn herum die Avantgarde der gebildeten Welt. Ich habe immer noch – nach vierzig Jahren! – das Trampeln und Klopfen im Ohr. Welch ein Tag, dieser 29. August 1518: Laßt euch ein, Kommilitonen, aufs Gespräch mit den Alten, Römern und Griechen, bedenkt, daß Geist und Frömmigkeit untrennbar zusammengehören – *sapere audete:* Bekennt euch zu eurer Intelligenz! *Sinkt erschöpft zurück, gibt dem Gehilfen einen Wink:* Einen Schluck Wasser, rasch! *Fährt fort.* Und dabei sahen sie sich an und tuschelten miteinander, als ich den Hörsaal betrat; nur Doktor Martinus, ich erinnere mich genau, nickte mir zu: Hab keine Furcht, Kind, Abraham, dein Vater, hat dich geleitet – aber die anderen: Spott, nein, Belustigung, wohin ich auch blickte. Was will dieses Kind hier bei uns? Ein halber Zwerg noch, der sich erst einmal auswachsen mag, reicht ja dem Luther kaum unter die Schulter! Und dann das Schlimmste, dieses Getuschel ringsum, als ich den Rektor begrüßte: *magnifice domine.* Ich bekam die Worte einfach nicht aus dem Mund. *Blättert wieder im Manuskript, liest: Philippus balbutit.* Das hat mir gefallen, Joachim; da hast du, statt drum herum zu reden, die Dinge beim Namen genannt. *Zum Scholaren:* Kannst du das übersetzen, Jonas? *Der Knabe zuckt die Achseln.* Adjektiv *balbus,* hängt mit *balbare* zusammen, und *balbare* heißt, du weißt es bestimmt, wie? *Blöken* natürlich, *blöken* und *meckern.* So wie die Ziegen und Schafe. Also, noch einmal: *balbus* bedeutet?

DER JUNGE: *Nach kurzem Zögern:* lallend.

MELANCHTHON: Nun, betrunken war ich gewiß nicht, damals. Aber ich stotterte. Der *praeceptor Germaniae,* wie man ihn nennt, hatte einen Sprachfehler. Ein Jahrzehnt lang habe ich gearbeitet, ehe ich reden konnte wie die anderen. Komm, gib mir das Bild, Jonas, du weißt schon, die Zeichnung. *Der Junge holt eine Kopie der berühmten Dürerschen Zeichnung, Bildnis des Philipp Melanchthon von 1526, vom obersten Bord.* Eine Kopie natürlich. *Die Gestalt im Hintergrund erhebt sich: so, als wolle sie zusammen mit Melanchthon und dem Jungen das Bild betrachten, setzt sich dann aber rasch wieder hin.* Gar nicht schlecht, aber leider ein wenig geschmeichelt – *sehr* geschmeichelt, sogar. Weißt du, was sie schreiben werden, eines Tages, über dieses Bild? Ich kann es dir sagen: Der Kopf eines großen Gelehrten mit hoher Stirn und Augen, die auf die Tiefe seiner Seele deuten. Der Mund zeigt: Dieser Mann weiß vortrefflich zu reden. *Kichernd:* Von stottern sagen sie nichts. Dafür aber – wollen wir wetten? – schmächtige, sanftmütige Wangen, die auf eine rührende Verbindung von Intelligenz und Kindersanftmut verweisen. Kurzum, dies Bildnis ist der Spiegel einer Seele von zartester Sittlichkeit. Tu's weg! Rasch!

Kindersanftmut! Zartheit! Sittlichkeit! Der friedliche Philipp Melanchthon! So schwach, so liebenswert und so mild! Ich bestehe darauf, Joachim, hörst du, ich bestehe darauf, daß du mit diesen Lügen ein für allemal ein Ende machst, in deinem Buch. Ich bin kein freundlicher Gesell, schon lange nicht mehr. Wer mich unter den Seraphim sucht, geht in die Irre. Friedfertigkeit? Narretei! An meinen Händen klebt Blut. Ich habe, wenn man mich fragte, immer für die Todesstrafe plädiert, wann ich es für notwendig hielt. Wenn die Bauern und Ketzer, all die Schwärmer und Propheten, die kleinen Leute, die sich erleuchtet fühlten durch den Heiligen Geist, Gnade erhofften, vor Gericht, dann war ich für sie der Staatsanwalt und nicht ihr Verteidiger. Ich, Philipp Melanchthon – du mußt schneller schreiben, Joachim! – bin ein Mann gewesen, für den *ein* Wort zuallerletzt galt, *Aufblick zum Kreuz,* das Wort meines Herrn: Barmherzigkeit. Du glaubst mir nicht, lieber Freund? Nun, warte nur ab. *Gibt dem Jungen wieder einen Wink.* Schnür das Paket auf, Jonas. Und leg mir das Brett auf die Knie. Hier! *Akte Michael Servet,* geboren, so wird berichtet, anno 1511 in Spanien, hingerichtet am 27. Oktober 1553 zu Genf. Wir kannten einander, flüchtig, haben Briefe gewechselt. Die Apologie an Melanchthon hast du gelesen, Camerarius. Gutes Latein. Der Mann war begabt und außerdem ehrlich. Kein Diplomat und Fintierer wie ich, mit meinem ewigen: Was werden die Katholischen denken, wenn ich ... oder was reden die Schweizer, was meint der Kaiser, was begehren die eigenen Leute? Ich habe mein Leben lang immer paktiert – hab's *müssen,* Jonas, weil's keinen anderen gab, der so genau – so systematisch – formulieren konnte wie ich. Aber da war auch keiner, der sein Mäntelchen so flink nach dem Winde zu drehen verstand wie Magister Philipp! *Zu ›Camerarius‹:* Ich vermisse ein Kapitel in deiner Schrift, Joachim, das die Überschrift trägt: Vergleich der Werke Melanchthons von Auflage zu Auflage oder: »Was ein Mann für das Gebot der Stunde hielt«. Hieß es am Anfang: »Nur die Bibel zählt«, dann habe ich später gesagt: »Die apostolische Überlieferung will ich denn doch nicht vergessen.« Und schon war ich bei Augustin, bei Hieronymus, und so ging's weiter von einem Jahrhundert zum andern, bis am Ende die Tradition der einen gemeinsamen Kirche die Heilige Schrift zu verdunkeln begann. *Zu ›Camerarius‹, auf den Jungen deutend:* Er versteht nicht, was ich meine. Oder hat er nur Angst? Nun, Jonas, vielleicht übertreibe ich auch. »Über die Gewalt und den Primat des Papstes«: Diesen Traktat werden mir die Römer niemals verzeihen. Sollen sie auch nicht. »Und Paulus widerstand Petrus ins Angesicht«: Dabei bleibt's, Herr Babest im Vatikan. *Gerät ins Grübeln, zitiert gedankenversunken:* »Der römische Bischof nennt sich Stellvertreter Christi auf Erden. Wir meinen und bekennen, daß dies falsch, gottlos und für die Kirche schädlich ist.«

Ja, das trifft ins Schwarze, das werd' ich nie widerrufen. Aber da stand auch das andere. Das Schlimmste. Servet! Gerechter Gott! Er hatte doch genau dasselbe gesagt wie ich: Es steht in der Heiligen Schrift kein Wort über die Dreieinigkeit von Vater, Sohn und Heiligem Geist... und hatte recht damit! Ich wußte, warum ich in der ersten Auflage meiner Lehrschriften – wir Philologen reden nun einmal gern von »Auflagen«, Camerarius, denn wir wissen: damit kann man uns packen! –, ich wußte, warum ich die Trinität nicht erwähnte. Aber später hab' ich's dann nachgeholt; die Sache wurde zu gefährlich für uns evangelische Leut, also mach', wer kann das besser als du, wieder einmal einen Kompromiß, Philipp Melanchthon! Servetus aber blieb sich treu; das war ein Kerl und kein... *Dreht sich mit dem Oberkörper hin und her, neigt dann ehrerbietig den Kopf: Zeichen eines diplomatischen Sachwalters.* Der hat einmal von mir gelernt, Servet; der war kein Mann des Kaisers und der spanischen Granden, *zu ›Camerarius‹:* hast mir ja selbst geraten, sein Werk zu studieren. Servet stand aufrecht, und das hat ihm mein Freund Calvin niemals verziehen.

Jawohl, ich sage Freund, denn keiner – außer dir natürlich, Joachim – hat mich so genau durchschaut wie dieser Mann, der meine Schwäche kannte, die Zaghaftigkeit, die mich den Mächtigen in aller Welt gehorchen ließ.

»Du verrätst deinen Herrn!« hat er gesagt – und ich tat es wirklich, aber anders, Camerarius, *ganz* anders,

als Calvinus es meinte. Der nämlich war schuld, daß Servet in den Flammen verbrannte.
Du mußt das beschreiben, mein Freund, Punkt für Punkt – und unter Tränen! Sie sollen lesen, in saecula saeculorum sollen sie's lesen, die Menschen, wie unser Bruder Servet starb: hingerichtet von den eigenen Leuten, der Inquisition einer gottverlassenen protestantischen Kirche – wie er um Gnade flehte und doch standhaft blieb, wie er den Himmel anflehte: »O Gott, errette meine Seele, Jesus, Sohn des ewigen Gottes, habe Erbarmen mit mir!«
Und dann *Melanchthon spricht immer rascher: so, als stünde ihm das Geschehen unmittelbar vor Augen* wird er mit einer eisernen Kette an den Pfahl geschmiedet, dann pressen die Folterknechte sein Buch zwischen den Leib und die Ketten – jetzt siehst du, Mann, wohin du's gebracht hast mit deiner Leugnung der heiligen Trinität! –, und schon brennen, unten am Boden, die trockenen Hölzer, kommen näher und näher, fressen den Körper an, hüllen ihn in Rauch, und die Menschen ringsum rufen: „Schaut alle her! Dies hier war mal ein Mensch! *Bedeckt seine Augen mit der Hand.*
Ich aber – was tat ich? Dachte an meinen gemarterten Herrn, der uns Erbarmen gelehrt hat? Betete die Worte nach, die er am Kreuz sprach: »Mein Gott, mein Gott, warum hast du mich verlassen«? O nein! Ich schrieb, es ist erst sechs Jahre her, mit dieser verfluchten Hand hier: »Der Magistrat der Genfer Republik hat ein frommes und für alle Nachwelt denkwürdiges Beispiel gegeben, wie man Lästerungen bestrafen müsse, indem er den Aragonier Servet hinrichtete. Freilich wundere ich mich, daß es Menschen gibt, welche jene Strenge mißbilligen: unbegreiflich, wie man von den Richtern über ein solches Verbrechen Milde erwartet.«
Beugt sich vor, sieht ›Camerarius‹ an: Ein Mann wurde gefoltert und bei lebendigem Leibe verbrannt und

ich, Magister Philipp, habe in die Hände geklatscht: recht so getan, ihr Frommen in Genf! *Nimmt das letzte Blatt aus der Akte.* Calvin aber winkte mir, machte mich zu seinem Gefolgsmann und applaudierte meinem Eifer in der Unterdrückung der Gottlosigkeit des Servet. *Zum Jungen:* Tu's wieder weg, ich kann's nicht mehr sehen, und dann komm näher zu mir und lies mir vor – zuerst auf griechisch und dann auf deutsch, was der Evangelist Matthäus im siebenten Kapitel, Vers zwölf, geschrieben hat. *Der Junge schiebt das Buch beiseite.* Ich sehe, daß du den Satz auswendig kannst. Gut so, Jonas.

DER JUNGE: *liest auf griechisch und deutsch den Satz:* Alles nu das Jr wöllet das euch die Leute thun sollen das Thut jr jenen, das ist das Gesetz und die Propheten.

MELANCHTHON: *Wieder zu ›Camerarius‹:* Es ist jetzt drei Jahre her, etwas mehr, eine Winternacht, Mars und Saturn regierten die Stunde, daß er mir zum ersten Mal erschien, Servetus: Sein Leib brannte, aber die Augen standen weit offen. Er sah mich an, mit einem Ausdruck, wie ich ihn noch niemals sah. So, denke ich – er kommt immer wieder, in meinen Träumen, wenn die Sterne feindlich sind ... so hat unser Herr ausgesehen, am Kreuz, als er die Schächer anredete ... nein, das ist falsch! Denn Servet tröstet mich nicht; er will mich warnen: Stell dir vor, Magister Philippus, du stündest an meiner Stelle, mit deiner Confession zwischen dem brennenden Pfahl und deinen Schultern, und würdest Qualen leiden, wie du sie dir niemals ausgedacht hast, du frommer Mann in deiner Klause, wenn du ein Dokument unterschriebst, das die Obrigkeit aufforderte, Frauen und Männern und halben Kindern zum letzten Stündlein zu läuten. Hast du ein einziges Mal gefragt: Und wenn ich es nun wäre? Oder mein Weib? Mein Sohn? Meine Tochter?

Ich weiß, ich weiß, mein Joachim: Auch Erasmus hat frohlockt, als Zwingli auf dem Schlachtfeld elendig starb. Aber – sei ehrlich! – entschuldigt das mich? Nein, da gibt's kein Verzeihen, eines Tags, wenn Servet mir gegenübersteht unter den Himmeln, am Tag des Gerichts, und der Herr über Leben und Tod den Satz Calvins verliest, der da lautet: »Mögen undankbare Menschen unsern Senat zu Genf in Staub zu ziehen versuchen: Es genügt, daß Magister Philippus diesem Senat in einer öffentlichen Schrift das Zeugnis ausstellte, er sei ein Muster der Gerechtigkeit: würdig, von allen christlichen Fürsten des Erdballs nachgeahmt zu werden.« *Zum Jungen:* Noch ein Schluck Wasser, Jonas, und die Medizin. Zehn Tropfen, du weißt.

DER JUNGE: Soll ich den Arzt…? Er wartet unten im Haus.

MELANCHTHON: Nein, laß ihn. Fürchte dich nicht, Kind. Wenn einer die Wahrheit gesagt hat, stirbt es sich leichter für ihn. Und dann – soll dieser Mann da *zeigt auf ›Camerarius‹* schreiben, wer sein Philipp Melanchthon in Wirklichkeit war: – ein Mann des Erbarmens zuallerletzt! Dafür war er zu ängstlich. Ein Zauderer, wie er im Buche steht: Schließlich wollte er's ja mit keinem verderben – nicht mit dem Kaiser, nicht mit Luther, nicht mit Erasmus; nur die Schwachen, die Mühseligen und Beladenen, an die er sich nicht anlehnen konnte, die hat er niemals geschont. Die waren ihm im Wege, wenn es galt, seine verfluchte Heilige Ordnung zu verteidigen, die Ordnung der Gestirne, an die er glaubte. Sternbild Wassermann – das sind Leute, mein Joachim, die wieder und wieder hören wollen, daß sie zu den Auserwählten gehören. Und dann die Ordnung der Gesetze, natürlich, die unantastbar wie die Sterne sind: Wer ihnen Widerstand leistet, dabei bleibe ich, zerstört die Harmonie der Welt. *Im Nachdenken versunken.*

Zeig mir noch einmal das Bild, Jonas. *Schaut sich aufmerksam jedes Detail an, die Zeichnung einmal hierhin, einmal dorthin wendend. Zu Jonas:* Kannst du die Schrift übersetzen?

DER JUNGE: Viventis potuit Durerius ora Philippi. Mentem non potuit pingere docta manus. Dürer konnte... *stockt*

MELANCHTHON: ...die Züge Philipps nach dem Leben zeichnen.

DER JUNGE: Der Geist konnte...

MELANCHTHON: *Verbessernd*: ...den Geist aber konnte sie nicht zeichnen, die Hand. Die zweite Zeile läuft auf einen Gegensatz hinaus.

DER JUNGE: Den Geist aber konnte die gelehrte...

MELANCHTHON: Sagen wir lieber: die *kundige* Hand.

DER JUNGE: *nicht* zeichnen.

MELANCHTHON: Glaubst du, daß der Text von Dürer ist?

DER JUNGE: Da er's doch gemalt hat, Herr.

MELANCHTHON: Aber nicht geschrieben. Ich nehme jede Wette an, das ist Humanisten-Latein. Da war ein Literat am Werk, ein Künstler, der weit auseinanderzieht, was nach den Regeln der Grammatik zusammengehört: viventis am Anfang und Philippi am Schluß einer Zeile, und dann die blitzende Antithese: ora und mentem. Wirst es schon noch begreifen, Jonas. *Der Junge trägt das Bild zurück.*

Seltsam, Joachim, sobald ich bei unserem Geschäft bin, der Philologie, dann vergesse ich Servet und Calvin. – Es hatte schon seinen Grund, warum ich partout kein Doktor der Theologie werden wollte, mich lieber an Cicero und Terenz hielt und am Ende sogar zum großen Aristoteles zurückgekehrt bin. Vielleicht, denke ich manchmal, war's doch ein Fehler, daß ich so lange hier in Wittenberg geblieben bin, im Norden, unter den Skythen. Wenn ich nun stattdessen nach England gegangen wäre, auf den Spuren Erasmi? Oder nach Dänemark, an den Hof, wie's dieser begabte, aber, ach so traurige Prinz, hieß er nicht Hamlet?, mir antrug? Warum tat ich es nicht? Das hast du auch vergessen, in deinem Manuskript. Es ist ganz einfach. Weil mein Horoskop mich vor Reisen in den Norden warnte und mir prophezeite, ich würde auf der Ostsee Schiffbruch erleiden. Ganz so weit ist Wittenberg ja nicht von der Küste entfernt. Das Horoskop hat recht: Hier werde ich kentern, wer weiß, schon in der kommenden Nacht, wenn ich Servet zum letzten Mal sehe. *Spricht vor sich hin:* mentem non potuit pingere docta manus. Ein Irrtum, collega! Die gelehrte Hand vermag sehr wohl Melanchthons Geist zu beschreiben – wenn sie einem Camerarius gehört. Ich kann dir nicht helfen, mein Joachim, du wirst meine Beichte aufzeichnen müssen und wirst die Wahrheit sagen. Die Wahrheit – nichts als die Wahrheit! Schreib also: Ein Theologe war er nicht. Ein Künstler wie Dürer – der hat immerhin unserem Pirckheimer Paroli geboten! – erst recht nicht. Ein Literat also, Korrektor und Philolog: so hat's seine Ordnung. So *hätt's* seine Ordnung gehabt, wenn ich ungehorsam gewesen wäre gegenüber Calvin und ungehorsam gegenüber den Sternen. Ein Mensch, der Bücher liest und Bücher schreibt, die Sprache für das höchste Gut hält, das Gott uns geschenkt hat, und darauf vertraut, daß die Vernunft sich am Ende doch durchsetzen werde: schön wär's gewesen, Camerarius, und Gott allein weiß, ob ich meinen Vorsatz, das Leben der Menschen zumindest um Fingersbreit zu verbessern, nicht im Gespräch unter Freunden, in der Druckerei, im Garten, in der Bibliothek eher hätte verwirklichen können als im Zentrum des Theologen-Gezänks. Stellvertreter unseres Doktor Martinus: ich fürchte, das war meine schlechteste Rolle – und die undankbarste dazu! Joachim Camerarius' Freund aber und Vertrauter des einzigen Mannes gewesen zu sein, der – nein, widersprich mir jetzt nicht! – noch besser griechisch kann als Philipp Melanchthon: das war meine beste Rolle, auch wenn ich sie, Gott sei's geklagt, nur ein einziges Mal habe spielen können – aber diesmal erfolgreich! Du weißt, wovon ich rede. *Zum Jungen:* Bette mich ein wenig höher, Jonas, alte Leute, zumal wenn sie krank sind, geraten leicht ins Stammeln. Senex balbutit – heißt?

DER JUNGE: Der Greis stottert.

MELANCHTHON: Na siehst du: Wer richtig aufpaßt, kommt schon voran. *Zu Camerarius:* Die beste Rolle. *Spricht weiter, als hätte dieser geantwortet.* Nein, laß auch im Guten nichts aus in deiner Biographie. *Einen* Stein im Brett möchte ich am Ende denn doch noch haben. Also schreib: Ohne Philipp Melanchthon hätte Martin Luther seine deutsche Bibel niemals anpacken können. Du nickst? Natürlich nickst du, weißt schließlich am besten, wie ich ihm geholfen habe, Tag für Tag, wenn er nicht weiterwußte und sich immer wieder in der Vulgata verkroch, die er fast auswendig konnte; aber griechisch konnte er nun wirklich nicht. Hätte ich ihn nicht gedrängt, *geh ans Geschäft auf der Wartburg:* Er hätte sich nicht an die Arbeit gemacht. Ich denke, ich bin ihm ein guter Lehrer gewesen, ein wenig zu streng vielleicht, er mochte das nicht, du verlangst immer zuviel, mein Philipp, von den jungen Leuten, in den Disputationen, hat er gesagt. Nun, man wird milder im Alter, nicht wahr, Jonas? *Oves balbunt?*

DER JUNGE: Die Schafe blöken.

MELANCHTHON: Rectissime, puer. *Wieder zu ›Camerarius‹:* Vielleicht war ich wirklich zu streng und nicht so geduldig wie du, lieber Freund. Weißt du noch, wie wir darüber gestritten haben, ob *ependytes* nun Mantel heißt oder Hemd? Ich war für Mantel, du für Hemd, natürlich hattest du recht, und Doktor Martinus durfte sich guten Gewissens für deinen Vorschlag entscheiden. Johannes 21, Vers 7, wenn ich nicht irre. Bitte schlag's nach. *Sehr leise:* Und jetzt? Soll ich jetzt ein Amen sprechen, Lieber, weil alles gesagt ist, im Bösen und Guten, und doch noch so viel gesagt sein will, aber die Kraft nicht mehr ausreicht? Wer weiß, vielleicht gibt es in den Himmeln – en tois ouranois, Luther hat das leider falsch übersetzt im Vaterunser: Singular statt Plural! – ein kleines Plätzchen, wo wir noch einmal zusammenkommen können, wir beiden, um das Loblied der Heiligen Sprache, unseres geliebten Griechisch zu singen, das uns erlaubt, mit den Evangelisten von Bruder zu Bruder zu reden, du und ich auf einer und derselben Bank in der Schule unseres Herrn. Und jetzt laß mich wirklich Amen sagen, denn ich vertraue darauf, daß alles geschieht, wie ich's dir auftrug. *Reicht ›Camerarius‹ das Manuskript, nachdem er Jonas abgewunken hat:* Ich möchte es ihm selbst geben. *Der Schatten aus dem Hintergrund kommt näher, mit einem großen Zeichenblock unter dem Arm.* Wie? Du bist es, Cranach? Nicht Joachim?

CRANACH: Camerarius ist abgereist, schon vor drei Tagen, als das Fieber nachließ, doch hat er mich gebeten, bei dir zu wachen und dich zu zeichnen, sobald …

MELANCHTHON: Ich verstehe. Auf dem Totenbett.

CRANACH: Es gibt Wunder.

MELANCHTHON: An die ich nicht glaube. Meine Stunde ist da. *Weist auf das Bild:* Zeig her. *Melanchthon, Cranachs Zeichnung genau betrachtend, in einer Haltung, die es dem Zuschauer erlaubt, die Fingerwege des sterbenden Reformators zu verfolgen, vom Kinn bis zum Haar:* Ja, das bin ich. Zeig es Camerarius und bitte ihn, ein Gebet für mich zu sprechen. Sag ihm: mit diesem Mann hier sei es vorbei. Das Bild lügt nicht. Und nun laßt mich allein. *Melanchthon faltet die Hände und spricht wieder mit kräftiger Stimme.* Jetzt wirst du erlöst von der Sünde, Philipp Melanchthon, von den Sorgen und, dies vor allem, von der Wut der Theologen. Du kommst zum Licht, du wirst Gott schauen, ihn und seinen Sohn,

und du wirst die Geheimnisse erkennen, die du in diesem Leben nicht begreifen konntest: Warum wir, die Menschen, so geschaffen sind, wie wir sind, und nicht anders. Nicht so viel klüger, lieber Gott.
Vater in den Himmeln, laß die Zeit kommen und befördere sie, da Philipp Melanchthons Erben, um Verzeihung bittend, mit unserm Castellius, dem Sachwalter der Humanität und Toleranz, sagen werden: »Wer einen Menschen tötet, verteidigt nicht eine Lehre, sondern tötet einen Menschen. So einfach ist das.«
Sehr leise, der Tod ist nah, beinahe flüsternd: Hab' Erbarmen mit mir, Servet.

II

Der Schatten des Euripides

Bertolt Brecht in der Unterwelt

Als der Stückeschreiber Brecht die kastalische Höhle erreichte (sie lag am Rande des Hades und war ihm von Charon zuerteilt worden), geschah es, daß ein Schatten hinter ihn trat, ein Mann in griechischem Mantel, der ihn sanft an der Schulter berührte. »Komm«, sagte er leise, »wir warten auf Dich, die Richter sind schon versammelt.«

B., von der langen Reise und den Gesprächen mit Charon, dem mürrischen Fergen, ermüdet, winkte vorsichtig ab, doch der Schatten lenkte ihn tiefer ins Dunkel der Höhle. »Vertrau Dich mir an, ich werde Dich sicher geleiten.«

Am Ende der Grotte saßen, hinter dem Tisch, die fünf Richter. Alle trugen Masken, es war keine Frau unter ihnen.

»Ist dies ein Verhör?« fragte B.

Der Schatten schwieg.

»Du liebst doch Verhöre«, sagte der erste Richter, »oder täusche ich mich?«

»Ich liebe Verhöre«, sagte der Stückeschreiber, »beginnt. – Ihr seid Griechen, nicht wahr?«

»Ja«, sagte der zweite, »wir wollen erfahren, was Du von uns lerntest.«

»Wenn es nur das ist«, sagte B., »... ich bin bereit.«

»Dann will ich beginnen«, sagte der dritte, ein Lehrer, »und Dich fragen: was erzählten unsere Dramen?«

»Den Mythos«, sagte B. »Ihr wart gute Erzähler.«

»Antworte weiter«, sagte der Lehrer. »War der Mythos bekannt?«

»Natürlich«, sagte B.

»Auch den Schneidern und Schustern?« fragte der Lehrer.

»Auch ihnen«, sagte B.

»Die Menschen sind aber vergeßlich«, sagte der Lehrer.

»Darum«, sagte B., »wurde der Mythos im Vorspruch noch einmal erklärt.«

»Gut«, sagte der Lehrer. »Ich sehe, daß Du ein Wissender bist. Bedenke aber: Wenn die Theaterbesucher den Mythos sehr genau kannten, waren sie dann wohl gespannt auf den Ausgang des Stücks?«

»Nein«, sagte B., »gespannt waren sie nicht.«

»Wie war also die Form unseres Schauspiels? Etwa dramatisch?«

»Nein«, sagte B., »sie war episch. Ich habe mich geirrt.«

»Du bist ein guter Verlierer«, sagte der Lehrer. »Unser Schauspiel war episch und aristotelisch zugleich. Deine Lehre ist falsch.«

»Frag weiter«, sagte der Stückeschreiber, »ich bin begierig zu lernen.«

»Ich will dich belehren«, sagte der vierte, ein Staatsmann, »doch zuvor erkläre mir noch: was ist das – der Mythos?«

»Die Erzählung«, wiederholte B.

»Nicht die Handlung?« fragte der Staatsmann.

»Ich weiß nicht«, sagte B., »ich bin schwankend geworden. Ich bitte Dich nochmals, mich zu belehren.«

»Denk nach«, sagte der Staatsmann. »Was geschah in unserem Schauspiel? Was ereignete sich?«

»Nichts«, sagte B.

»Das ist eine vernünftige Antwort«, sagte der Staatsmann. »Du hast recht, was geschah, wurde erzählt.«

»Es gab aber doch Taten«, sagte B. »Es gab Greuel und Schrecken, Morde und Monstrositäten.«

»Nur im Botenbericht«, sagte der Staatsmann. »Auf der Bühne herrschte allein dialektisches Spiel: Diskussion und Erklärung, die Analyse und das Argument.«

»Ich lerne«, sagte B. »Das Argument gehört zur epischen Form des Theaters. Ihr habt mich überzeugt. Ich erkläre mich ein zweites Mal für besiegt.«

»Du hast jetzt gesehen«, sagte der fünfte, ein Bauer, »daß unser Drama nur erzählend, voll von Argumenten, ohne Spannung war. Jetzt bedenke das nächste: was stand am Ende des Tragischen Spiels?«

»Ich verstehe Dich nicht«, sagte der Stückeschreiber, »Du mußt noch einfacher fragen.«

»Ich bin ein schlichter Mann«, sagte der Bauer, »ich will versuchen, ein Beispiel zu bringen.«

»Bringe ein Beispiel«, sagte B., »ich bin ein Freund des Exempels.«

»Denke an Oedipus«, sagte der Bauer. »Er wurde vernichtet und durchbohrte die Augen mit goldenen Spangen. Sein Untergang war entsetzlich.«

»Ich widerspreche«, sagte B. »Oedipus gewann ja Erkenntnis. Als König war er ein Blinder, in der Blindheit aber empfing er die Königswürde richtigen Wissens und sah.«

»Du hast mich verstanden«, sagte der Bauer. »Ich wollte sagen: am Ende des Schauspiels hat die Erkenntnis gestanden.«

»Euer Theater war episch«, sagte der Stückeschreiber sehr leise. »Ich werde viel von Euch lernen hier unten. Wenn Du willst, erzähl mir ein weiteres Beispiel.«

»Denk an Antigone«, sagte der Bauer. »Erst im Augenblick des letzten Gangs erkennt sie die Schönheit einer Welt, die sie verlassen muß: die Stadt, das Hochzeitslager und den Brautgesang.«

»Sie klagt«, sagte B.

»Sie erkennt«, sagte der Bauer. »Sie weiß nun, daß der Tod erbärmlich ist.«

»Sie hat auch Rechenschaft gegeben«, sagte B. »Sie hat gesagt: ›Wenn die Eltern noch lebten, hätte ich es nicht getan.‹ Das klingt grausam.«

»Es ist ein Argument«, sagte der Bauer; »wir Griechen sind nüchterne Leute. Das Weltbild gilt uns mehr als das Erlebnis.«

»Ihr beschämt mich«, sagte B., »auch das ist episch. Ich habe Euch Unrecht getan. Erst jetzt begreife ich, warum Eure Schauspiele immer noch am Leben sind.«

»Du selbst bist ein Zeuge dafür«, sagte der erste, ein Künstler. »Auch Du hast die Logik geliebt und gewußt, daß sie schön ist. Du schätztest die Luzidität des Gedankens. Du rühmtest die Eleganz des Kalküls, die Lieblichkeit der Vernunft und den strahlenden Glanz, der den Erinnerungen eigen ist.«

»Ich bin erstaunt«, sagte B., »kennt Ihr mich denn?«

»Wir haben Dich erwartet«, sagte der Künstler. »Schau her, nimm ein griechisches Drama, betrachte das Gesetz seiner Glieder ... worin liegt sein Geheimnis?«

»Es kommt alles zusammen zum Ganzen«, sagte der Stückeschreiber und verneigte sich voll Ehrfurcht, »und dennoch steht jede Szene für sich.«

»Du hast recht«, sagte der Künstler, »unsere Dramatiker liebten die Sprünge von Auftritt zu Auftritt – plötzlich waren die Figuren verändert, Iphigenie schien nicht mehr Iphigenie zu sein –, und dennoch, wie sagtest Du doch, kam alles zusammen zum Ganzen.«

»Ich sehe«, sagte B., »Ihr beherrscht die Gebote der Kunst.«

»Wir waren Handwerker«, sagte der Künstler, »genauso wie Du; und wie Du bemühten wir uns, dialektisch zu sein. Unsere Komiker waren zugleich auch Tragödienschreiber, und die Tragiker verstanden sich auf Witz und attisches Salz. – Denk an Sokrates!«

»Den Philosophen?« fragte B., »den habe ich niemals gemocht.«

»Er war klug«, sagte der Künstler. »Er vereinte den Ernst und den Scherz, liebte das Kalkül und dichtete einen Päan. Auch das Gastmahl ist ja ein Schauspiel: noch einmal stand die Erkenntnis am Ende.«

»Doch die Menschen wurden nicht besser«, sagte der Stückeschreiber, »weder durch ihn noch durch die Komödiendichter.«

»Aber wissend«, sagte der Künstler, »und das ist viel mehr. Moral war nicht unser Geschäft. Wir hatten noch nicht einmal ein Wort für das Böse. Wir kannten nur das Schlechte; nicht die Sünde, sondern den Fehler.«

»Eine kalte Welt«, sagte der Stückeschreiber, »wenig behaglich.«

»Wir kannten die Nacht«, sagte der Künstler. »Jenseits der olympischen Götter begann das Nichts; wir aber waren Kinder des Prometheus.«

»Ich verstehe Euch«, sagte B.

»Du bist unser Schüler«, sagte der zweite, ein Gärtner, »sogar die Tricks hast Du von uns gelernt.«

»Die Tricks?« fragte B., »wovon sprecht Ihr?«

»Denk an Euripides«, sagte der Gärtner. »Warum erscheint am Ende der Gott? Um zu lösen, was sich von selbst sehr viel einfacher löste?«

»Ich weiß es nicht«, sagte B.

»Was willst Du den Zuschauern zeigen«, fragte der Gärtner, »wenn Du die gleiche Technik von Stück zu Stück wiederholst?«

»Ich will ihnen zeigen«, sagte B., »merkt auf und laßt Euch nicht täuschen.«

»Große Künstler sind einander ähnlich«, sagte der Gärtner, »auch Euripides dachte wie Du. Indem er die Götter, lügenhafte, grausame Gestalten, in der gleichen Art, ganz mechanisch, immer wieder seinen Zuschauern zeigte, wollte er sagen: denkt nach! Wie ist die richtige Lösung? Helfen die Götter uns wirklich?«

»Und was dachten die Zuschauer?« fragte der Stückeschreiber verwundert.

»Sie wurden aufmerksam«, sagte der Gärtner, »und beim Hinausgehen bemerkte wohl einer zum andern: ›Sind nun die Götter oder sind sie nicht?‹«

»Dann waren die Zuschauer also die Richter«, sagte der Stückeschreiber.

»Ja«, sagte der Gärtner, »denn unser Schauspiel ist ein Tribunal. Die Urform des Dramas hieß: das Verhör ... ein Richter, der Angeklagte, die Zeugen; Vers auf Vers und Satz auf Satz: einer fragt und einer gibt Antwort – bis zur Entscheidung.«

»Ihr habt mich überzeugt«, sagte B. »Auch in diesem Fall bin ich Euer Schüler gewesen; auch ich liebte Prozesse.«

»Im Prozeß«, sagte der Künstler, »entfaltet der Mythos die Charaktere. Das wußten wir; das wußtest Du.«

»Der Prozeß«, sagte der Lehrer, »ist die höchste Form des Spiels. Wir waren Spieler, Du warst ein Spieler, wir liebten beide Prozesse.«

»Der Prozeß ist gerecht«, sagte der Bauer, »der Schurke bekommt seine Strafe ... und bekommt er sie nicht, weiß der Zuschauer gleich: das Gericht ist bestochen. Wir liebten das Recht, wir haßten das Unrecht, genauso wie Du.«

»Im Prozeßverlauf erweist es sich«, sagte als letzter der Staatsmann, »daß es nicht gut ist, sein Leben allein zu verbringen. Der Prozeß zeigt das Spiel der Gesellschaft; über den Fall des Einzelnen hinaus, über Oedipus und Grusche hinweg, betrachtet der Richter – Athene und der Azdak – die Fundamente, auf denen das Recht steht. Da wird die kleine Welt zur großen Welt: den Übergang wollten wir zeigen, den Übergang hast Du gezeigt.«

Der Staatsmann schwieg. Dann sagte er: »Das Verhör ist beendet.«

»Und das Urteil?« fragte der Stückeschreiber.

»Das Urteil?« wiederholten die Richter und erhoben sich von ihren Plätzen. »Blick auf den Schatten.«

Der Stückeschreiber wandte sich um.

»Willkommen«, sagte der Schatten. »Seit vielen hundert Jahren bist Du der erste, den ich voll Sehnsucht erwarte. Wie freue ich mich, daß Du hier bist! Komm, ich geleite Dich zu dem Platz, an dem Du wohnen wirst bis zum Ende der Tage.«

»An Deiner Seite?« fragte der Stückeschreiber erschrocken.

»Zu meiner Rechten«, sagte der Tote. »Du hast mich nicht enttäuscht.«

Der Stückeschreiber verneigte sich tief. Im Lichte der Kerzen hatte er plötzlich bemerkt, daß der Schatten das Gewand des Euripides trug.

»Der Teufel lebt nicht mehr, mein Herr!«

Ein Totengespräch zwischen Lessing und Heine

Projektion der Herzog-August-Bibliothek zu Wolfenbüttel: Ein hoher Raum mit weißen Folianten. Die Borte: auf schmalen Leitern erreichbar. An den Pulten: gelehrte Leser. Aufgestapelte Bücher, kratzende Federn, raschelndes Papier. Im Hintergrund Gehilfen, die Bücherei-Materialien, Konvolute und Zeitschriften, auf kleinen Wagen, sogenannten Bücherschlitten, befördern. Lessing, der Bibliothekar, sitzt an einem langen Arbeitstisch, die Folianten in seinem Rücken. Ins Kollationieren vertieft bemerkt er den von der Seite, in der Haltung respektvoller Ergebenheit näherkommenden Besucher nicht.

HEINE (der stehengeblieben ist und sich, um Lessings Aufmerksamkeit zu erregen, über die Papiere gebeugt hat): Monsieur! (Lessing reagiert nicht, schreibt vielmehr noch emsiger als bisher weiter) Ich wollte, Monsieur… (Lessing blickt auf, eher zerstreut als ärgerlich) Pardon, ich hatte schon lange die Absicht…

LESSING: Wozu die Umschweife? Aus dem Archiv, nicht wahr? (schreibt wieder) Habt Ihr die Stelle gefunden? Prokopius, Anekdoten, pagina 16: Justinians Erkrankung betreffend.

HEINE: Justinian? Erkrankung?

LESSING: Ja was denn sonst? Habt Ihr den Text? (blickt flüchtig auf) Da, schaut selbst! Ich bin ganz sicher, daß es eine Geschlechtskrankheit war. (beugt sich über das

Papier und liest) »So saß diese Krankheit denn an den Schamgliedern und bestand aus Geschwüren in der Blase.« Das ist schlagend, nicht wahr? Der Kaiser hatte Gonorrhöe, spezifische, venerische Gonorrhöe. Wißt Ihr, was das bedeutet? Es bedeutet: Gotthold Ephraim Lessing tritt den Beweis an, daß die Venusseuche in Europa Jahrhunderte eher grassiert hat, als man gemeiniglich annimmt: weit eher, mein Herr, als Kolumbus das erste Mal aus Amerika heimkam. Da, der lateinische Text … gonorriacas mortes, Tod durch die Venusseuche. Wißt Ihr, von wann das Zeugnis ist? Aus dem vierten Jahrhundert! Tausend Jahre vor Kolumbus, mein Herr! (abbrechend) Also, wo ist der Prokop?

HEINE: Darf ich mich setzen, Monsieur? Sie sollen bedient sein.

LESSING (nickt zustimmend): Kein Buch? Nur ein Exzerpt? Aber der Herr Archivar hat mir doch ausdrücklich versichert …

HEINE: Ich weiß von keinem Archivar. (beschwichtigend) Trotzdem Monsieur – nur einen Augenblick. Ich halte Sie gewiß nicht auf. Schließlich sehen Sie einen … Kollegen vor sich. Einen Kenner der Materie. Ja, das darf ich sagen.

LESSING: Versteht Euch auf die späte Latinität? Könnt mir am Ende sagen, was die große Pest gewesen ist, pestis inguinaria, die unter Pelagius, Bischof zu Rom, um 580 grassierte?

HEINE: Das freilich nicht. Von Latein weiß ich wenig. Wenn ich ehrlich sein soll: Die Römer sind mir verhaßt.

LESSING (entsetzt): Verhaßt?

HEINE: Was mich interessiert, ist die medizinische Seite.

LESSING: Mon dieu, ein Arzt! Aber, lieber Herr, das ist ja magnifique! (zieht Heine näher zu sich heran) Ihr werdet mir helfen, nicht wahr? Die Venusseuche: mein altes Problem!

HEINE: Genau wie meins. *l'avarie*, wie man in Frankreich sagt, die Havarie, der kleine Schaden nach dem großen Sturm. Es fängt ganz harmlos an, Monsieur. (schiebt Lessings Konvolute beiseite: *Da steht gewiß nicht die Wahrheit*) Ein bißchen Kopfschmerz, nous avons la migraine, nichts weiter. Und dann auf einmal... (hebt die linke Hand, bewegt drei Finger, läßt zwei Finger stehen) Die Lähmung! Erst die Finger, dann die Hand, dann der Arm, bis zum Ellenbogen hinauf – alles stirbt ab! (bricht plötzlich ab)

LESSING: Ich bitte Euch, sprecht weiter!

HEINE: Wie? (faßt sich wieder) Der Arm, wollte ich sagen, nun gut – aber die Augen! Die Augen, Monsieur, das ist das Schlimmste. Stellen Sie sich vor: Die Pupillen – comment croire? – operieren nicht mehr; die Muskeln sind gelähmt, man beginnt zu erblinden... und dann, auf einmal, kommt's: Das obere Lid fällt herab, immer weiter, bis es das Auge schließt und Sie es hochheben müssen, um sehen zu können. So. Übrigens gibt es neuerdings Pflaster dafür; ein bewährtes Mittel, sagen die Ärzte, wenn die Hand zu schwach ist; denn gelähmte Finger: das ist wie ein Messer ohne Griff. – Sie hören zu, nicht wahr? (Lessing nickt) Der Fall erregt Ihr Interesse? In der Tat – zum Teufel mit Kolumbus! – er ist faszinierend. Wie ein Reigen ist das, wie ein Tanz... ein Tanz, bei dem ein Instrument nach dem andern verstummt. Zuerst die Geigen, dann die Bratschen, dann die Klarinetten, bis, kurz vor dem Finale, nur noch die Flöte übrigbleibt. (deutet auf seine Stirn) Die Flöte. Die Piccolo-Flöte. Klein, aber präzis. Ansonsten: Das große Debakel. Die Brust paralysiert. Die Beine wie Baumwolle. Das Gesicht in zwei ungleiche Hälften zerteilt. Man ißt auf einer Seite, weint auf einem Auge, küßt ohne Gefühl, kaut ohne Geschmack – und nur das Opium, das man in deine Wunde streut, hilft ein paar Stunden lang. Voilà, *la maladie honteuse*, Monsieur. Die Krankheit der Scham – oder der Schande. (akzentuierend) Lues cerebrospinalis: Sagten Sie nicht, Prokop (oder wie hieß er noch gleich?) habe darüber geschrieben?

LESSING: Darüber nicht.

HEINE: Schade. Das Thema ist lohnend. Ich weiß, wovon ich rede. Die Flöten-Melodie am Schluß: Wie eine Zauberweise klingt das, die deine Schmerzen kirren, wenn du sie vor dich hinsummst.

LESSING (der sehr genau zugehört hat, nach einer Pause): Ihr seid kein Archivar. (Heine macht eine Geste: *Um Gottes willen, nur das nicht!*) Ihr habt Euch verraten, mein Herr. (spricht rhythmisch und leise) »Die deine Schmerzen kirren...« Natürlich. Was denn sonst? Laßt mich einen Augenblick lang überlegen und wenn ich nicht weiterkann, bitte helft mir. (schließt die Augen, öffnet sie wieder, zitiert lächelnd) »Wie der Mond sich leuchtend dränget durch den dunklen Wolkenflor, also taucht aus dunklen Zeiten mir ein lichtes Bild hervor. (Heine verneigt sich vor Lessing, aber der bemüht sich, die Silbe »all« betonend, jede einseitige hommage zu verhindern.) Saßen all auf dem Verdecke, fuhren stolz den Rhein hinab, und die...

HEINE (aushelfend): ...sommergrünen Ufer...

LESSING: ...glühn im Abendsonnenschein. Sinnend saß ich zu den Füßen einer Dame, schön und hold; in ihr liebes, bleiches Antlitz spielt das rote Sonnengold.« (Handbewegung: *So, und nun Ihr, bitte, fahrt fort.*)

HEINE: »Lauten klangen, Buben sangen: Wunderbare Fröhlichkeit! Und der Himmel wurde blauer, und die Seele wurde weit.« (steht auf und umarmt Lessing, der ihn festhält und ihm lächelnd verwehrt, seine, Lessings, Hände zu küssen. Heine, den Tränen nahe, in großer Bewegung) Verzeihen Sie, mein Herr... aber das ist... großer Lessing (Lessing schüttelt den Kopf: *Zu viel, lieber Freund!*) ...doch... es ist Wirklichkeit... von Angesicht zu Angesicht... seit ich hier bin, hab ich Sie gesucht, jeden Tag, bis in die Nacht hinein, in dieser riesigen Morgue, wo jeder seine Toten aussucht, die er liebt und womit er verwandt ist. Wie hat mein Herz bei dem Gedanken gepocht,

Sie, unter so vielen unbedeutenden Leichen, wiederzusehen, mit Ihrem erhabenen Menschengesicht! Wie...

LESSING: Ihr schwärmt, mein Freund, seid erhitzt. (geht zum Schrank, holt zwei Bouteillen und zwei Gläser heraus)

HEINE: Wie könnte ich vorübergehen, ohne Euch ein einziges Mal... (nähert sich Lessing zum Kuß)

LESSING: Ich weiß, mein Freund, Ihr habt's geschrieben. Ich erinnere mich. *Wie könnte ich vorübergehen*, hieß es nicht so, *ohne Euch die blassen Lippen zu küssen?* Sehr schmeichelhaft – ich meine, für mich –, wenn auch ein wenig romantisch. (nötigt Heine zum Sitzen, zeigt auf die Flaschen) Port oder Champagner? (Heine wehrt ab) O Pardon, ich vergaß: Ihr mögt keinen Alkohol. Vertragt ihn nicht.

HEINE: Sind Sie ein Zauberer, Monsieur? Zitieren meine Gedichte! Kennen mein Leben!

LESSING: Man liest mancherlei... wenn auch nicht immer das Rechte. *Über* Euch, wollte ich sagen. Was Eure eigenen Schriften betrifft: Ich denke, wir werden darüber reden. Schließlich haben wir ja Zeit... viel Zeit sogar. Wenn nicht die halbe Ewigkeit – so doch die ganze. (hebt sein Glas)

HEINE (begierig, ein Urteil zu hören): Falls Ihnen mein Romanzero ein Begriff ist, auf den halte ich viel.

LESSING: Vor allem das Postscript. Ehrlich gesagt, lieber Freund, ich habe selten ein Nachwort mit so viel Bewegung gelesen.

HEINE: Sie meinen die Louvre-Passage, nicht wahr? La pièce célèbre: »Es war im Mai...« (schließt die Augen und lehnt sich zurück, während Lessing einen Bibliotheks-Gehilfen herbeiwinkt und ihm einen Zettel zuschiebt) »Es war im Mai, an jenem Tage, als ich Abschied nahm von den holden Idolen, die ich angebetet in den Zeiten meines Glücks. Nur mit Mühe schleppte ich mich bis zum Louvre, und ich brach fast zusammen, als ich in den erhabenen Saal trat, wo die hochgebenedeite Göttin der Schönheit, Unsere Liebe Frau von Milo, auf ihrem Postamente steht. Zu ihren Füßen lag ich lange, und ich weinte so heftig, daß sich dessen ein Stein erbarmen mußte. Auch schaute die Göttin mitleidig auf mich herab, doch zugleich so trostlos, als wollte sie sagen: Siehst du denn nicht, daß ich keine Arme habe und also nicht helfen kann?« Meinten Sie das?

LESSING (blättert in einem Buch, das ihm ein Diener gebracht hat, hält dann die Seiten nah an die Augen): Das? (schüttelt den Kopf) Gewiß nicht. Ja, ja, es ist recht hübsch, ein bißchen kokett allerdings, ich für meine Person hätte dergleichen Gefühle lieber verborgen ... jedoch (hat das Gesuchte endlich gefunden) *Das* hier! *Das* ist aus anderem Holz! *Das* meinte ich: so muß einer schreiben. »Ich hatte damals noch etwas Fleisch und Heidentum an mir« (hebt den Zeigefinger: *Sie, das ist glänzend formuliert*), »und ich war noch nicht zu dem spiritualistischen Gespenste abgemagert« – weiß Gott, das hätt' ich selber gern gesagt, so was –, »dem Gespenste, das jetzt seiner gänzlichen Auflösung entgegenharrt ... Existiere ich wirklich noch?« Und nun kommt es! »Mein Leib ist so sehr in die Krümpe gegangen, daß schier nichts übriggeblieben als die Stimme darin!« »In die Krümpe gegangen«: mon dieu, dafür gebe ich tausend Louvre-Kirchgänge her, und die Liebe Frau aus Stein gleich dazu. *In die Krümpe gegangen* – krumm geworden, elend, verrenkt: Mann, darum beneide ich Euch. Das hätte am Ende sogar Luthern gefallen: »Und der Leib des Herrn am Kreuz ging in die Krümpe«, Passion Matthäi. (»schmeckt« den Satz gleichsam nach, notiert einige Sätze, winkt wiederum einen Diener heran, weist auf den Zettel: *Seht das nach!*)

HEINE (den die Unterbrechung ärgert): Sie sind beschäftigt, sehe ich. Ich kann ein ander Mal ...

LESSING: Aber nein, woran denkt Ihr? Es war nur ... eine Marotte von mir. Mein deutsches Wörterbuch.

Eine Ergänzung zu »krumm«, weiter nichts. »Krümpe« – ich vergesse das sonst.

HEINE: Wie? Sie *arbeiten*? Hier?

LESSING: Was sonst? Ich bin Bibliothekar. Immer noch oder wieder: ganz wie Ihr wollt. Wenn ich Euch nützen kann – stehe zu Diensten. (Heine – ein wenig verwirrt: wozu das jetzt? – verneigt sich) Wißt Ihr, im Grunde hat sich für mich gar nichts verändert – seit Wolfenbüttel! Nur bin ich jetzt nicht mehr allein. (blickt sich um und zeigt dann auf Bücher, Katalogbenutzer und Leser vor den Regalen. Spricht sehr leise) Das englische Wörterbuch. Dr. Johnson. D'Alembert. Die Enzyklopädie. (verbeugt sich) Und da mein lieber Hederich. Das Lexikon der Mythologie will ergänzt sein: dank eures Zutuns übrigens. Ja, schaut Euch nur um: Thesaurus totius mundi! Der Schatz der ganzen Welt ist meine Bibliothek! Die Gedanken aller Zeiten – präsent in einem einzigen Raum. Voilà, die consecutio temporum, die sich kein Schulbuch träumen läßt.

HEINE (sehr leise): Pauvre homme.

LESSING: Arm? Ich? Aber mein Freund, bedenkt: Just bevor Ihr kamt, habe ich mit Newton gesprochen. Mit Sir Isaac Newton. Gestern abend mit Voltaire! Immerhin ...

HEINE: Ja. Ein Schatten mit einem Schatten. Parlando im Hades!

LESSING (ausbrechend): Aber was für eins! (wieder ruhiger) Gut, meinethalben: Ich lebe, wie ich gelebt habe, ich sterbe, wie ich gestorben bin: Unter den Büchern. Der Staub spinnt mich ein. Gut, dann erkenn ich mich wieder und bin es zufrieden. *Zufrieden*, mein Herr. Wenn ich einsam war, drüben unter den Prinzen und Pfaffen – hier bin ich es nicht. (Zu einem Diener) Ich wünsche, daß der Prokop angemahnt wird ... heute noch. (macht eine Notiz) Und dann dies bitte. Schnell. (aufblickend) Und nun, mein lieber Herr Doktor (da Heine den Kopf schüttelt): Utriusque juris, ganz nach der Ordnung. Darf ich Euch geleiten? (förmlich) Es wäre mir Ehre und Plaisir, Euer Cicerone zu sein. Wenn wir mit den Katalogen begännen, da drüben? Oder der Repertorien-Sammlung? Am besten, wir stiegen auf eine Leiter, über der Balustrade vielleicht. Ihr seid doch schwindelfrei? (steht auf) Ihr werdet sehen, es ist ein phantastischer Anblick: Bücher, wohin man auch blickt! Schweinsleder und Pergament, Quart, Oktav und Duodez, Folianten dazwischen. Pergament und Papier – den Papyrus nicht zu vergessen. Kann es ein Panorama geben, das poetischer wäre als dieses? Also, worauf warten wir noch? Wie heißt es gleich bei Euch? »Kommen Sie, Doktor!«

HEINE: Danke. Ich lese lieber im Sitzen.

LESSING: Aber wer spricht denn von *lesen*? Ihr sollt *schauen*: diese Bibliothek ist wirklich ein Gedicht. (weist ringsum) Architektur als Poesie!

HEINE: Nun schön. Wenn Sie darauf bestehen, Monsieur. Allons, besteigen wir den Berg. Zur Odyssee vielleicht, hoch unterm Dach? Zur Göttlichen Komödie, da oder da, und dem verlorenen Paradies, das doch gewiß bequem zur Hand sein wird? Wenn Sie vorangehen wollen? (vertraulich, mit einem Anflug von Zynismus) Harry Heines opera omnia, von Campe in Leinen gebunden: Sie haben recht, das ist schon eine Reise wert. Selbst in den Hades. (schaut empor: Die Leitern, auf denen die Bibliothekare wie Akrobaten operieren, machen ihm Angst) Geht's arg weit hinauf?

LESSING: Aber, mein Herr, Ihr mißversteht mich!

HEINE: Combien?

LESSING: Mißverstehen, se méprendre.

HEINE: Ah! oui.

LESSING: Wenn Ihr die Bücher sehen wollt, Homer, Vergil oder … Heine.

HEINE: Shakespeare und Lessing.

LESSING (unbeirrt): Die sind im Magazin. Hier unter uns. Dreißig Stockwerke, und man gräbt immer noch tiefer.

HEINE: Sagten Sie: *gräbt*?

LESSING: Ja. Es ist wie ein Bergwerk: mit Stollen und Gängen und Förderwagen – und den Gehilfen natürlich.

HEINE: Unten, wo's keinen Tag gibt? An Paradoxen, scheint es, ist man hier nicht arm. – Nur verstehe ich nicht: Was ist denn das? (zeigt auf die Bücher an den Wänden) Attrappen? Leeres Papier?

LESSING (schüttelt den Kopf): Register. Schacht-Beschreibungen. (zeigt) Einhundertsiebenundvierzigster Schacht: Militärliteratur achtzehntes Jahrhundert, französisch. Dreiundachtzigster Schacht: Galanterien, Persien, spätes...

HEINE: Dürfte man sehen?

LESSING (unbeirrt): Kochbücher. Totentänze. Diarien, bäuerlich, städtisch.

HEINE: Genug, Monsieur! assez! c'est bon! c'est bon!

LESSING: Genial, nicht wahr? Le monde entier – auf einen Blick! Und nun das Köstlichste – da! (zeigt auf eine riesige Bücherwand) Unser intimes Journal! Alles, was je über Menschen gesagt worden ist, pardon, geschrieben natürlich, Sottisen und Hymnen...

HEINE: Liebesgedichte...

LESSING: Und Verleumdungen. Es ist alles aufbewahrt. *Alles*, mein Herr.

HEINE (plötzlich begierig): Und könnte man sehen? Es wäre möglich ... eine Probe vielleicht?

LESSING: Aber natürlich, warum denn nicht? (ein Diener kommt mit einem Folianten) Ich habe Vorsorge getroffen. Ihr wünscht ... Bestimmtes?

HEINE: Non non non.

LESSING (blätternd): »Seine Stimme ist sanft und angenehm, die Augen mittelgroß, schalkhaft, voll Leben und Geist. (Heine lehnt sich lächelnd, höchst befriedigt, zurück) Die Nase leicht gebogen und scharf geschnitten, keine ungewöhnliche Stirn (Heine, indigniert: *Hm! Dummkopf!*), hellblondes Haar (Heine:

Comment?) und einen Mund, in steter Bewegung, der in dem mageren blassen Gesicht die Hauptrolle spielt. Seine Hände sind von der zartesten Form, gleichsam durchgeistigt, alabaster-weiß.«

HEINE: Brave garçon! Der Kerl hat Geschmack.

LESSING: Der hier auch? Wartet... (setzt eine Brille auf) Hier. Ja! »Heine mit seinem feinen blassen Gesicht, seinen zarten Händen, seinen aristokratischen Manieren war nur mit Worten ein Republikaner, im Herzen der exklusivste Aristokrat. (Heine, den Kopf wiegend: *Man könnte so sagen. Ganz falsch*, zuckt die Achseln, *ist das nicht.*) Als Mitglied unseres Wohlfahrtsausschusses jedenfalls hätte unser Heine lieber mit einer Marquise de l'ancien régime bei Austern und Champagner ein Schäferstündchen gefeiert als sie aus purer Volksbeglückungslust zur Guillotine geschickt.« (Heine klatscht in die Hände)

LESSING (sieht über die Brille hinweg Heine an: *Nun, das Klatschen wird Euch schon noch vergehen*): »Ein Eulenspiegel ist er. Ein Bajazz, der Sklavenwitze reißt. Ein Possenreißer, den der Herr Stallmeister mit seiner Peitsche haut und der ihm dafür eins anhängt, mit seinen Späßen. Aber Bajazzo kennt die Freiheit nicht: Mit Possen wird sie nicht erobert.« (Blickt auf. Heine beugt sich langsam vor, streckt den Arm aus und legt die ausgebreitete Hand auf das Buch: Schluß jetzt)

HEINE: Nicht sehr klug von mir, wie, erst »fini« zu rufen... wo's ans Magere geht. Trotzdem: Ich kann's nicht mehr hören. Nein, auch das Lob nicht. Alabasterhände! Blasses Gesicht! Das bin ich doch gar nicht. (schlägt auf das Papier) Hier nicht! (sieht sich um) Hier nirgendwo – und da drunten, in diesem... Bergwerk erst recht nicht. Das ist nicht Heine, Monsieur! Ihre Mineure, mit den Grubenlampen, irren sich! Die finden immer nur Papier, Band 10, Band 12, Band 24 – aber nicht mich! (leise, halb für sich) Ach, der herrliche Achill wußte es wohl, warum er lieber ein frönender Knecht sein wollte im Lichte des Tages als hier unten ein König über die Schatten der Toten. Wie beneidenswert, mein Herr, ist selbst die miserabelste Existenz auf der Erde – mit so viel Langeweile verglichen. Diesem elenden Einerlei! mourir d'ennui! (mit dem Ausdruck äußersten Ekels) Bah!

LESSING (zeigt, Heine kopierend, auf zwei starre Finger, zieht das Augenlid herunter und macht ein schläfrigblödes Gesicht): So also wieder? Und wieder (streuende Bewegung) Morphium in die Wunde?

HEINE: Ja, wieder so! Und wieder den Strohsack und die beiden Matratzen darauf und wieder den Paravent mit den chinesischen Figuren davor: den Schattenrissen, die sich in mondhellen Nächten vom Papier befreiten und, losgelöst, plötzlich riesengroß wurden: belebt und bewegt sprachen sie zu mir und ließen mich erschauern, bald vor heißer, bald vor kalter Angst! Und dann den Tag! Den Tag, an dem man mich hinaustrug auf den Balkon und ich die grünen Bäume sah und das ferne bunte Leben der elyseischen Felder. O Lessing! Können Sie ahnen, wie mir zu Mut war, als ich mit meinem einen halben Auge noch einmal die Welt sah – nach so vielen Jahren!... und dabei war's doch so wenig. Ich hatte mir das Opernglas meiner Frau geben lassen und sah, von meinem Lager aus, mit unglaublichem Vergnügen einem Pastetenbäckerjungen nach, der zwei Damen in Crinolin-Röcken seine Pastetchen anbot, und einem kleinen Hund, der daneben auf drei Beinen an einem Baum stand und ... comme on dit (sucht das deutsche Wort für se soulager) sich erleichterte. Da machte ich das Glas zu; ich wollte nichts mehr sehen – denn ich beneidete den Hund. Und wie viel mehr erst jetzt!

LESSING: Neid auf ein Tier ohne Verstand?

HEINE: Aber es lebt! *Lebt!* Blinzelt in der Sonne! Der Bois de Boulogne, Monsieur, die Boulevards und diese reizenden Produktionen der Cafés chantants. Unter der Sonne zu sein, Lessing, glauben Sie mir, das ist das einzige, was zählt. Ich bin ein alter Duellant: Die Sekunde, bevor das Kommando ertönt – da begreifst du plötzlich, was du verlierst und erkennst, was das ist: Leben. Très sainte Marie, mein erstes Duell! Der Himmel so klar und so blau! Alle Apfelbäume in Blüte! Rings um mich stiegen Felddüfte auf, die meine Lebenskraft verhundertfältigten. Ich betete zu Pomona und Flora. Gottlob, die heilige Jungfrau hat nicht gewollt, daß ich von einer Kugel getroffen wurde, während mir die schönsten Dinge der Welt im Kopf herumgingen. Das große Glück – vorm Einschlafen! (in Gedanken versunken, halb sprechend, halb singend) »Du findest die Strohpuppen-Jette nicht mehr, nicht mehr die große Malwine, auch nicht mehr die Kudelmuddel-Marie. Auch nicht die Dragoner-Kathrine.« (aufblickend, mit Tränen in den Augen) Ach, Lessing, was ist Ihr Jahrhundert-Gespräch mit Voltaire und Sir Isaac Newton gegen eine einzige Stunde auf der Drehbahn, mein altes schiefwinklichtes schlabbriges Hamburg! Pique-As-Luise und rote Sophie! Schöner als alle Melusinen der Seine! Wie hätte ich dichten können – ohne sie? Kunst, frei von Laster: wo gäb's das? (wieder sprechsingend, wie oben) »du suchst vergebens. Du findest nicht mehr die lange Mahle, die dicke ... die Braunschweiger Mummen-Friederike.« (spricht, tatamm, ta-tam, den Rhythmus nach) ... ich hab die Strophe vergessen. Ein paar Jahre, und ich werde keine Zeile mehr wissen. Poesie, Monsieur, das ist Leben! Dabeisein! Rausch! Inspiration. (französisch) in-spi-ra-ti-on! Eingebung! Atemholen! Das ist das gleiche! (hält erschöpft inne, sieht Lessing an) Sie, sagt man, hätten dergleichen niemals empfunden? Haben, am Ende, außer der einen keine geliebt?

LESSING: Davon nichts, mit Verlaub. Ich wünsche nicht...

HEINE (fährt unbeirrt fort): Die Welt, Monsieur! London! Der Steinwald der Häuser, und dazwischen, der drängende Strom der Millionen Gesichter mit ihrer

Leidenschaft, dem Haß und dem Hunger! Da steigt ein Meer neuer Gedanken auf, der Pulsschlag der Welt – und Sie … Sie wissen nichts davon. Und dann erst Paris: *Da,* mein Herr, und nicht auf dem Theater, und schon gar nicht in ihren Büchern wird die wirkliche Tragödie gespielt: das große Trauerspiel, bei dessen Erinnerung noch in den fernsten Ländern die Herzen zu zittern beginnen – und dies, obschon doch die Wunden nirgendwo schneller heilen als in Paris. Paris, Monsieur, wo man selbst die Guillotine durch Rosenschleier betrachtet, weil noch über dem grausamsten Streit der Anisduft der Höflichkeit liegt. Ach, Lessing, was wissen Sie von der Welt! Sachsen und Braunschweig … c'est tout. Aber der Zauber der Großstadt: Mondscheintrunkenheit und Nachtigallenwahnsinn mitten auf den Boulevards, Gut, gut, das klingt ein wenig bombastisch, ich weiß. Sie mögen das nicht, aber sagen Sie selbst: Gibt es Kunst ohne Leben? Nachahmen, Lessing … nachahmen kann auch der Affe; aber leben, wirklich *leben* tut nur der Mensch … und doppelt zu leben, das vermag allein das Genie, Mozart, Raffael, Shakespeare!

LESSING (der sich die Geständnisse seines Gegenübers nahezu teilnahmslos angehört hat): Und Heine, natürlich.

HEINE: Das hab ich nicht gesagt.

LESSING: Aber gedacht.

HEINE: Vielleicht. Warum auch nicht?

LESSING: Eben. Aber so seid Ihr nun einmal, Ihr … Künstler. Spielt das Genie aus, gegen das Talent, das Gebären gegen das Machen (den Mechanismus, wie Ihr das nennt), das organische Entstehen gegen die Imitation. Schön, dann bin ich eben kein Künstler.

HEINE: Ihr … Sie …

LESSING (unbeirrt): Nach Eurem Verstand jedenfalls – wenn's einer ist. Bin ganz zufrieden, mein Herr, nennt mich nur wie Ihr wollt. Kritiker, Artist, Philolog, den Künstler schenke ich Euch. Und das Genie erst recht. Ist schon ganz richtig, Herr Poet: Die Quelle. die sich aus eigener Kraft emporarbeitet, mächtig, in gewaltigen Strahlen – nein, die hab ich nicht in mir. Ich muß alles hinaufpressen, noch immer, durch Druckwerk und Röhren. Und hätte ich nicht in der Schule gelernt, mir fremde Schätze zu borgen – in Bescheidenheit, wie sich versteht! – und mich an fremden Feuern zu wärmen – ich wär' schon arm dran.

HEINE: Aber das ist falsch, das...

LESSING: Pardon, jetzt rede ich. Die Welt, sagt Ihr? Paris und London? Dort wehe der Geist und die verborgensten Geheimnisse der gesellschaftlichen Ordnung täten sich auf? Geschenkt, mein Herr. Ich kenne einen Mann, Ihr kennt ihn auch, Immanuel Kant, der hat seine Vaterstadt, das Haus, die Universität und den Garten, ein Leben lang nicht verlassen – und war doch weiter im Weltall als Ihr und ich und alle Globetrotter unter dem Himmel zusammen! Voilà, da habt Ihr Euer Paris – und das ganze Hamburg dazu, wenn Ihr wollt. Ich geb's hin.

HEINE (sucht sich durch einen Witz aus der Defensive zu befreien): Auch den Apollon-Saal auf der Drehbahn?

LESSING (auf den Ton eingehend): *Und* das Theater. *Und* alle Akteurs und Aktricen. Und, als Zubrot, das Pastorat von Senior Goeze. Warum verzieht Ihr den Mund? Der Mann hatte den besten Rheinwein im Lande. Bin oft in seinem Keller gewesen. Also, wie steht's? *Ihr* behaltet *Euer* Reich – und laßt *mir* das *meine.*

HEINE: Und das wäre?

LESSING: Dies hier – die Bibliothek.

HEINE: Die? Die können Sie behalten.

LESSING: Sagt einmal, ist Euch noch nie der Gedanke gekommen, es könne Schriftsteller geben, so Handwerker wie mich, keine (ironische Handbewegung) großen Poeten – Artisten, denen über einem Gedicht, nehmt Sappho oder Horaz, nicht minder vortreffliche Verse einfielen als Euch über dem Näschen einer angebeteten Schönen? Auch *ich*, mein Herr, habe meine Minken, Kathrinen und Jetten – nur haben sie andere Namen. Griechische, französische: *literarische* eben. Ist das ein Schimpf?

HEINE: Certainement non. Mais de seconde main, aus zweiter Hand: *mein* Fall ist das nicht.

LESSING: So wenig wie meiner. Fragt sich also, ob es tatsächlich zweitrangig ist, wie Ihr meint, Kunst an der Kunst und nicht an dem zu bilden, was Ihr so das Leben nennt. Das Leben! Die Natur! Offen gesagt, *mir* ist nie recht behaglich gewesen, wenn die Poeten, kaum daß die Blätter grün zu werden begannen, prompt den Frühling besangen. *Mir* wäre bei roten Zweigen sicherlich mehr eingefallen. Was *ich* gelernt habe, habe ich aus Büchern gelernt...und es dann besser gemacht. Die Poesie nämlich läßt sich, im Gegensatz zur Natur, zum Guten verändern; und eben das macht ihren Reiz aus. Aber, pardon, ich verplaudere mich.

HEINE: Oh, ich lausche Ihnen mit Vergnügen, Monsieur.

LESSING: Was mich um so mehr verbindet als Ihr selbst zur Zunft gehört.

HEINE: Ich zu Ihrer Zunft? Ich – ein Gelehrter?

LESSING: Wie? Habt Ihr denn keinen Faust geschrieben – obwohl es schon hundert andere gibt?

HEINE: Einen wie meinen nicht.

LESSING: Voilà.

HEINE: Sie kennen mein Ballett?

LESSING: Wie nicht? Da es von Euch ist?

HEINE: Und schätzen es? (da Lessing zögert) Zumindest ist es interessant, nicht wahr? Und dabei ein Vier-Wochen-Kind! Unter Armut und Schmerzen! Mon Dieu! Hätte ich nur die Hälfte der Zeit gehabt wie Herr von Goethe, ach, nur ein Viertel – fünfzehn Jahre: eine halbe Ewigkeit! – bei allen Heiligen, das schwöre ich Ihnen: von *meinem* Faust würde man sprechen, und das Puppenspiel im Verlag des Herrn Cotta zu Stuttgart wäre schon lange vergessen.

LESSING (schüttelt den Kopf): Seid Ihr so sicher? Ist so

schon ein respektables Stück, und die Verse: vortrefflich. (zitiert) »Die Sonne sinkt, die letzten Schiffe, sie ziehen munter hafenein. Ein großer Kahn ist im Begriffe, auf dem Kanale hier zu sein.« Das ist Poesie an der Grenze des Philosophierens, mein Freund. Das Gedicht als Gedanke. Die Formel, die ins Bild gesetzt ist. Ein gefährliches Geschöpf übrigens: Seiltanz am Rande der Komik. »Ein großer Kahn ist im Begriffe, auf dem Kanale hier zu sein«: Das kippt schon beinah um, von der Vision ins Abstrakte. Ein Schrittchen weiter, und der Vers wird lächerlich. Aber diesen Schritt geht der alte Fuchs eben nicht; *der* weiß, wo man aufhören muß. Habt Ihr ja weidlich ausgeschlachtet in Eurem Ballett: der herzögliche Hof, Helenas und Faustens ambrosischer Frieden im Archipel. Akt drei, wenn ich nicht irre.

HEINE: Der vierte, mit Verlaub. Drei ist die Satansmesse.

LESSING: Der Hexensabbat, ich erinnere mich. *Auch* von Goethe übrigens. – Ihr kanntet ihn näher?

HEINE: Nur flüchtig. Eine Audienz. Er fragte mich, woran ich arbeite.

LESSING: Und Eure Antwort?

HEINE: »Ich arbeite an einem Faust, Excellenz.« Der Abschied war kühl. (Lessing lacht) Sie amüsieren sich?

LESSING: Ja. Ich dachte an Shakespeare. (Heine zeigt Unverständnis) Zu dem kommt eines Tages ein Mr. Smith oder Cox oder Peters und sagt – befragt, woran er denn schreibe –: »An einem Hamlet, Sir, woran denn sonst?«

HEINE: Aber ich war kein Mr. Smith! Ich war... (Tonwechsel) für ihn ein Herr Heine aus Hamburg. – *Sie* sind ihm niemals begegnet?

LESSING: Nein, soviel ich weiß, nicht.

HEINE: Und halten viel von ihm?

LESSING (sich zurücklehnend): Wißt Ihr, mein lieber Doktor: der Kerl, pflegten wir damals zu sagen, ist ein Genie, aber das Genie ist ein schlechter Nachbar. (Heine klatscht in die Hände: *Exactement, c'est ça!*)

Sehr begabt, der Mann – *unglaublich* begabt, aber gefährdet. Gefährdet und ... ungerecht!

HEINE (einstimmend): Jawohl! Bis zur Bösartigkeit!

LESSING (ohne auf Heine einzugehen): Der arme Jerusalem, ich kannte seine Schriften gut. Was hat der Mann aus dem gemacht: einen Heulmichel, ein larmoyantes Original! – den verliebten Werther! Das typische Produkt der christlichen Erziehung: im Herzen das Mädelchen und in der Faust das Pistol! Jerusalem – ein verächtlicher Schwärmer! Das nenne ich mir einen Schelmenstreich! Und wissen Sie, was dieser ... sogenannte ... Werther in Wirklichkeit war? Ein wahrer, nachdenkender, kalter Philosoph – und alles andere als ein empfindsamer Narr. Seine Abhandlungen zeugen von Scharfsinn; ich habe sie selber *ediert*.

HEINE: Und ich möchte sie *lesen*.

LESSING (lächelnd: *Na seht Ihr, man fängt an, sich einzugewöhnen*): Schon morgen, wenn Ihr wollt. (macht eine Notiz)

HEINE: Und Sie, Monsieur, studieren mein Ballett. (zitiert, wobei er mit den Händen den Takt schlägt) »Der Doctor Faust. Ein Tanzpoem. Nebst kuriosen Berichten über Teufel, Hexen und Dichtkunst, in französischer Sprache geschrieben von Henri Heine.« Das Finale, das verspreche ich Ihnen, wird Sie entzücken, Faust sagt der Sünde Valet und führt sein Bürgermädchen zum Altar: bezaubert von ihrer Schöne und Zucht. Und da – vor der Kirchentür, die Glocken läuten und die Orgel rauscht mit frommem Gedröhn – da auf einmal tritt sie hinzu! Mephistophela! Und zieht – voilà – mit triumphierender Miene den Kontrakt aus dem Mieder!

LESSING: Ei schon ... gewiß ... jedoch ... gerade das gefällt mir nicht.

HEINE: Mein Finale? Herr, sind Sie des Teufels! Das gefällt Ihnen nicht, wie Mephistophela ihren Faust mit dem Ausdruck schauerlichster Verhöhnung umtanzt? Wie der Boden sich öffnet und die Höllenfürsten, die

Ungetüme mit ihren Szeptern, den Herrn Doktor umtanzen? Wie das Höllenweib, verwandelt in eine Schlange, ihr Opfer mit wilder Umschlingung erdrosselt: *Das*, sagen Sie, gefällt Ihnen nicht? Gut, dann müssen wir debattieren, wir zwei – über Mephisto zum Beispiel, der ein Tanzkünstler war und kein gefallener Engel wie bei Monsieur Goethe. Ein Furioso mit Flammen und Orgelgeläut: *Das*, Lessing, nenne ich mir ein Finale, wie es das alte Zauberbuch verlangt. Und keine himmlische Farce, wie sie der ... andere geschrieben hat, frech und katholisch. Mit Engeln, himmlischen Chören und dem ganzen Weihrauch-Tralala, auf das er sich so gut verstand, der alte Charlatan. (zitiert mokant) »Wundern kann es mich nicht, daß unser Herr Christus mit Huren gern und mit Sündern gelebt: geht's mir doch eben auch so!« Und dazu dann das Ewig-Weibliche aufs Unbeschreibliche gereimt! Für die Nation die »Jungfrau, Mutter, Königin« (»Göttin, bleibe gnädig!«) – und für den Schreibtisch, das Pult im geheimen: »Und doch kann dich nichts vernichten, wenn Vergänglichem zum Trotze willst dein Sehnen ewig richten erst zur Flasche, dann zur ...« (streckt die Zunge heraus) Bah!

LESSING: Aber mein Herr! Wozu die Erregung! Der Mann, gottlob, war doch kein Heiliger!

HEINE: Aber er tat so. Ließ Faust in den Himmel einziehen! Verging sich an der Sage! Hatte keine Ehrfurcht vor ihrem wahrhaftigen Geist! Machte aus dem Volksbuch ein frivoles Ballett. Mais oui! Ein Ballett, lesen Sie nach. Engel schwebend in der höhern Atmosphäre, selige Knaben (imitierend) in Kreisbewegung sich nähernd. Das Firmament als Tanzplatz eines corps de ballet: Sagen Sie selbst, läßt sich Fataleres denken?

LESSING: Aber Ihr habt doch selbst ...

HEINE: Ein Ballett geschrieben? Ja, mein Herr – aber eins, das auf der Erde spielt! *Hier* wird getanzt; *hier* ist Satan zu Hause; *hier* werden schwarze Messen gefeiert; *hier* wird verurteilt.

LESSING (plötzlich erregt): Aber nein, Herr Doktor! Heine! Ich bitte Euch, das ist doch Aberwitz!

HEINE: Mein Tanzspiel? Meine Mephistophela?

LESSING: Aber die gibt es doch gar nicht – sie so wenig wie das Pendant à la Weimar. Eure Tänzerin und Goethes Luzifer: für mich ist das der gleiche Mummenschanz.

HEINE: Sie sagten …

LESSING: Ich sagte. Ja.

HEINE: Und *Ihr* Faust-Drama, Herr? Haben Sie nicht auch dergleichen versucht?

LESSING: *Versucht.* Das ist richtig. Aber ich hab's bald gelassen, und ich will Euch sagen, warum.

HEINE: Ei, da bin ich gespannt.

LESSING (mit großem Ernst): Weil ich begriff, daß Mephistopheles' Tage gezählt sind, seitdem die Vernunft in ihr Recht gesetzt worden ist. Der Philosoph, mein Herr – Faust, wenn Ihr so wollt – ist Gottes Liebling und nicht Luzifers Vasall. Erkenntnis! Freie Lehre! Wissen! Forschung! Das *zerstört* den Höllentrug, die Dämonenfurcht so gut wie den Aberglauben der Kirche. *Zerstört*: nicht *dient*! Vernunft ist keine Bestie: sie lehrt uns, die Bestie *zähmen.* Man muß es nur wollen; darf nicht umkehren, auf halbem Wege, die Augen nicht schließen. Die ganze Wahrheit, Herr Doktor, oder gar keine Wahrheit. Tertium non datur. (trinkt einen Schluck) »Und sehe, daß wir nichts wissen können«: Falsch, collega, von A bis Z falsch! Wir *können* – und eben darum, sehr lieber Herr Heine, gibt es keinen Mephistopheles mehr.

HEINE: Eigentlich schade. Schließlich geht viel verloren mit ihm. Jedenfalls auf dem Theater.

LESSING: O da wüßte ich Rat. (kramt in der Schublade, zieht ein kleines Heft hervor) Hier – eine Stelle bei Diogenes Laertius.

HEINE (der zeigt, daß er den Namen nie gehört hat): Ein Kirchenvater?

LESSING (lachend): Nein. Eher ein Mann wie ich. Ein

Antiquar. Sehr belesen – im Zitieren unschlagbar. Wir fragen einander gelegentlich ab. Der Herr auf der Leiter da drüben: das ist er.

HEINE: Der?

LESSING (blättert in seinem Heft): Ein angenehmer Mensch. (hält das Heft nah an die Augen) Ja, das suchte ich: Da wird von einem Zyniker mit Namen Menedemus erzählt. Ich darf doch das Griechische gleich übersetzen?

HEINE: Ich bitte darum.

LESSING: Menedemus war ein Philosoph, der ging in seiner Schwärmerei so weit, daß er, als eine Furie gekleidet, durch das Land gezogen ist: jedermann bedeutend, er sei aus der Hölle entstiegen, um den Geistern daselbst Nachricht über die Sünder zu geben. Seht Ihr, so einen Mann könnte ich mir gut als Mephistopheles denken.

HEINE: Einen Verrückten?

LESSING: Nun, »verrückt« – das ist ein weites Feld. Sagen wir lieber »besessen« – von der Idee besessen, die Verdammten zu retten ... und zwar um jeden Preis. Wäre schon wahrscheinlich, nicht wahr, solch ein Charakter – und als Verführer sehr überzeugend. Ein Mensch, der sich einbildet, Gottes Werkzeug zu sein.

HEINE: Luzifer ...

LESSING: Die Ausgeburt der Phantasie.

HEINE: ... als Vehikel des Heiligen Geistes.

LESSING: Und zwar selbst ernannt.

HEINE: Gekrönt mit der Vollmacht des Witzes. Unter Fiebern besiegelt. (streckt die Arme aus) Lessing, *das* ist eine Figur! Das müssen Sie schreiben!

LESSING: Ja, warum eigentlich nicht? *Das* Böse, ins Herz des Menschen gelegt, an Stelle *des* Bösen; Mephistopheles als Projektion der Seele.

HEINE (einfallend): Le diable, une image projetée!

LESSING: Ihr habt recht, wirklich, das wäre zu schreiben – unter einer Voraussetzung freilich.

HEINE: Nun?

LESSING: Daß Ihr den Faust übernähmt. Den richtigen.

HEINE: Und warum gerade ich?

LESSING: Weil Ihr der einzige seid, der ihn wirklich versteht.

HEINE (sieht Lessing lange an: so als könne er dessen Gedanken erraten): Sie meinen...

LESSING: Ja.

HEINE: Faust wäre...Jude? (Lessing nickt) Herr, das ist genial! Das ist...es gibt gar keine Alternative...ich Narr! Weshalb bin ich nicht selbst darauf gekommen! Natürlich ein Jude! Wer denn sonst hat jene Doppelbegabung, Wirklichkeitssinn, mit Mystizismus gepaart – den Realismus und die Prophetie, die notwendig ist, um aus Träumen – Kalkulationen zu machen und aus Rechenaufgaben – Legenden! Also her mit dem Zyniker, Lessing: ich werde ihm jemanden geben, der verführbar ist, weil er an Wunder glaubt und unverführbar, weil er nachrechnen kann! Wann fangen wir an?

LESSING: Wann Ihr wollt.

HEINE: Noch heute?

LESSING: Warum nicht?

HEINE: Ein Faust aus dem Frankfurter Ghetto und ein Mephisto aus dem Narrenhaus: Sie, das wird ein Spaß!

LESSING: Nicht nur.

HEINE (immer begeisterter): Natürlich nicht. Ein Faust im Shakespeare-Stil. Komik und Tragik friedlich vereint. Die Menschen leiden – und der Herrgott macht Spaß. Das Schaudervollste, buntscheckig, im Gewand der Lächerlichkeit.

LESSING: Es *muß* gelingen. (steht erregt auf) Wißt Ihr, ich hab es schon einmal versucht – im ›Nathan‹, wenn Ihr den kennt. (Heine macht eine Geste: *Aber natürlich, den kennt doch jeder*) Nathan der Weise: Da geht es um Verbrennen, Mord und Pogrom – und zugleich um Zinsfuß und Schachspiel. Um Kommerz und Gebet, um Mystik und Ökonomie. (wird wieder ruhiger, setzt sich erneut) Mir schwebt etwas ganz Bestimmtes vor ... etwas Ungeheures: die Zurücknahme Shakespeares! (leise) Ich hab's noch niemandem erzählt. Ihr seid der erste. Es hätte auch keiner verstanden vor Euch. Ich wollte den Wucherer Shylock mit seinem Opfer versöhnen – mit Antonio, dem Kaufmann, aus dessen Leib sich der Jud sein Pfund Fleisch herausschneiden möchte. Den Handelsherrn, der keinen Zins nimmt – den Christen also! – und den Schacherer – diesen unseligen Vater ...

HEINE: »Jessica, mein Kind!«

LESSING: Diese beiden in einer einzigen Figur zu vereinen – einem Menschen-Bürger, der für alle steht, die guten Willens sind ... das, lieber Heine, war mein Ziel. Am Beispiel Nathans, des erlösten Shylock, eine Welt vorwegzunehmen, in der Jud so viel wie Christ gilt, Frau so viel wie Mann. Aber es ist mir nicht gelungen: Familiarität und blutiger Haß, Wirklichkeit und Utopie ... das wollte sich einfach nicht fügen. Das ging nicht zusammen. Aber wenn *wir* uns zusammentun.

HEINE: Jude und Christ.

LESSING: Ein halber Christ, ein halber Jud ... zum Teufel, dann müßt's doch gelingen!

HEINE: Der Jud ganz insgeheim, ein Monarchist und der Christ, in aller Offenheit, ein Republikaner: parbleu! Das ist schon ein apartes Gespann! (anderer Tonfall) Ein Jammer übrigens, Lessing, daß Sie nicht acht Jahre länger ... da oben, meine ich: Die Revolution hätte Sie gewiß zur Stelle gefunden: So ein richtiges Spartacus-Drama, Agitation in Versen, das hätte den Montagnards noch gefehlt.

LESSING: Ja, das wird häufig gesagt.

HEINE: Der Erfinder eines französischen Abenteurers namens Riccaut de la Marlinière besingt den Sturm der Plebs auf die Bastille.

LESSING: Les extremes se touchent. Und was den Riccaut betrifft ...

HEINE (lachend): Ihro Gnad seh in mik le Chevalier de la Marlinière, Seigneur de Pret-au-vol, de la Branche de Prens-d'or. Ihro Gnad steh verwundert, mik aus so ein groß, groß Familie zu hören… (hält lachend inne, wird von Lessing umarmt)

LESSING: Aber das ist ja phantastisch! Ihr hättet Akteur werden sollen: vorgesprochen – und schon engagiert! Wollen wir wetten, das Publikum wäre begeistert gewesen!

HEINE: Tut mir leid. Ich wette nie.

LESSING: Wahrhaftig? Nun, das läßt sich lernen. Ein bescheidenes *jeu* hat noch keinem geschadet. (holt einen Kartenstapel aus der Schublade) Die Karten und die Lotterie: am Ende sind's doch die besten Mittel gegen die Hypochondrie. (blättert Karten auf) Wißt Ihr, was ich am letzten Tage getan hab, da oben in Braunschweig?

HEINE: Sie waren, sagt man, mit Ihrem Nathan beschäftigt.

LESSING (lacht): Mit Nathan? Mit Nummern! 15, 23, 52. Dreimal die Ambe und einmal die Terne, summa summarum zwei Taler, zwölf Groschen. Das Lottospiel! Die Hamburger Ziehung! *Das*, mon vieux, war mein Finale! (macht drei Zeichen in die Luft) Dreimal das große T: da habt Ihr Lessings Trinität: Théologie, Théâtre und… Table de jeu! – Tapis vert. Von der Kirche ins Parkett und vom Parkett in den Salon, an den Spieltisch: c'était ma vie… wie der Riccaut sagen würde. Übrigens eine meiner Lieblingsfiguren. Er spielt mit Dukaten, Nathan mit Waren, der Sultan mit Dame, Springer und Turm, und Minna, das Fräulein von Barnhelm, spielt… mit ihrem Mann, Mesdames, Messieurs, faites votre jeu! (hält Heine die Karten hin) Wollt Ihr nicht doch…?

HEINE (schüttelt lächelnd den Kopf): Wissen Sie, lieber Freund, wir haben heute andere Spiele… ernstere als zu Ihrer Zeit. Was damals der Spielsaal war, ist jetzt die Börse, und statt der Karten gibt es… Papiere. Aktien. Und darauf verstehe nun ich mich: Das Steigen und Fallen der Kurse, Monsieur, das Träufeln der Zinsen, dazwischen das leise Schluchzen der Armut – das ist die Melodie des Jahrhunderts! (abbrechend) Wissen Sie was? Sie lehren mich das Lottospiel und ich erkläre Ihnen dafür ... den Börsenbericht!

LESSING: Und Faust und Mephisto?

HEINE: Sind nicht vergessen darüber. Ein Jud, der nichts von Kursen versteht? Ein Philosoph, der nicht spekuliert? Aber das wäre ja absurd!

LESSING: Wann treffen wir uns?

HEINE: Gegen acht? Nach dem Souper? (steht auf)

LESSING: Warten Sie, ich komme mit.

HEINE (blickt sich um): Seltsam, vor einer Stunde hätt' ich meinen Kopf verwettet ...

LESSING: Seht Ihr, es fängt schon an!

HEINE (lächelnd): Verwettet, wollte ich sagen, daß ich hier niemals zuhause sein könnte ... unter all den Büchern und den toten Papieren. Und nun auf einmal ist alles anders: So still! So freundlich! Kein Lärm! Keine tickenden Uhren! Und dann Sie, mein Lessing, mit Ihrem ... (kann vor Bewegung nicht weitersprechen, fängt sich dann wieder) Jetzt plötzlich sehe ich, wie gut es hier ist, unter den Büchern ... und wie lebendig! Wie sicher, Lessing! Denn oben, wo man Bücher verbrennt – und das tut man! – verbrennt man am Ende auch Menschen.

LESSING: Das wird nie geschehen. Der Teufel lebt nicht mehr, mein Herr. Dafür ist gesorgt.

HEINE: Sind Sie sicher?

LESSING: Schon. Freilich – wetten würde ich nicht. (Heine macht, lächelnd, eine Handbewegung: *Na seht Ihr* ... Dann gehen beide, den Arm umeinandergelegt und die ihnen Begegnenden grüßend, aus dem Bild.)

Robert Schumann zu Ehren

Eine Ansprache des Geigers Joseph Joachim in der Singakademie zu Berlin

»Andachtsvoll, wie die Gemeinde einer Kirche, lauschte das Publikum dem Spiel der Vier. Kannte man auch seinen Nachbarn und die Umsitzenden nicht mit Namen, fühlte man sich doch mit ihnen zu einer Gemeinschaft verbunden durch die regelmäßige Begegnung an dieser, edelster Kunst geweihten Stätte, dem festlich geschmückten Saal der Berliner Singakademie. Hörer waren darunter, die von weither kamen und oft erst lange nach Mitternacht ihren Wohnsitz in irgendeinem Nachbarort erreichen konnten.«

Gab es je ein treueres Abonnentenpublikum als die Gemeinde der um die Jahrhundertwende in Berlin auf Mendelssohn, Schumann und Brahms eingeschworenen Konzertbesucher, die durch ihre Präsenz bezeugten: Wir hören Kammermusik klassischen Stils und keine neudeutschen Opern; unser Meister ist der erste Geiger der Nation, Joseph Joachim, ein Interpret, wie's keinen zweiten gibt – und dazu Direktor der Musikhochschule, ein Freund der wahren *Connaisseurs*, die ihm applaudierten: Robert Schumann an ihrer Spitze. »Joachim wundervoll«, wird im Tagebuch notiert, »Joachim alles bezaubernd«, »früh und abends mit Joachim musiziert«.

Joseph Joachim, das Wunderkind – mit achtzehn Jahren Konzertmeister in Weimar, immerhin unter der Ägide Franz Liszts. Joachim: Ein Zauberer, der die Träume der deutschen Romantik, unbekümmert um Virtuosentum, Violinisten-Willkür und genialen Firlefanz, bis ins Fin de siècle bewahrte. Joachim, dem selbst das Kaiserpaar huldigte, wenn er mit seinen Getreuen aufs Podium trat. Joseph Joachim, der auf langen Reisen dafür sorgte, daß Clara Schumann, die erste Pianistin an der Seite des ersten Violinisten Europas, unbekümmert um familiäre Sorgen, allein für ihre Kunst leben konnte.

»Ich verehre Sie und Ihren unglücklichen Mann aufrichtig«, hatte er ihr schon anno 1854 geschrieben, als nur noch wenige Freunde – Joachim und Brahms allen voran – Robert Schumann in Endenich, der Krankenanstalt, besuchten. Der Aufenthalt kostete mehr als die Pension des Musikdirektors zu Düsseldorf – und zu Hause die sieben Kinder! »Ich will Ihr Verbündeter sein bei den Konzerten, obwohl mir mehr als je vor der Öffentlichkeit als Lebensunterhalt graut.«

Jahrzehnte sind sie durch die Lande gereist, Clara Schumann und der schon als Novize von ihr schwärmerisch verehrte Joseph Joachim: »Wir musizierten viel, vor allem war es ein herrlicher Genuß, Roberts Phantasie für Violine von ihm zu hören: so tief ergreifend, daß es einem an die innersten Saiten des Herzens schlug; so hatte ich es mir wohl immer gedacht, daß es klingen müßte, aber nie gehört.«

Clara Schumann und Joseph Joachim: Wie sie aussahen, die beiden, wenn sie miteinander konzertierten, hat der berühmteste Abonnent der Kammermusikkonzerte in der Berliner Singakademie, Adolph Menzel, in einer kolorierten Kreidezeichnung fixiert. Da leuchtet der Kandelaber, gespiegelt im gelben Festgewand der Pianistin, die sich über die Noten beugt, und der Geiger sieht wie ein sanfter Paganini aus: kein Virtuose, sondern eine gedankenverlorene Figur aus den Tagen Jean Pauls: dreiundzwanzig Jahre alt.

Man spielte, am 16. Dezember 1854, die d-Moll-Sonate von Robert Schumann, spielte, gemeinsam und alternierend, Mendelssohn, Chopin und Weber – Menzel hatte den Stift in der Hand: die Exzellenz auf ihrem Ehrenplatz – ein kleiner, musikbesessener Mann, dessen Schwager, Hermann Krigar, bei Schumann gelernt hatte und, der Ring schließt sich, gemeinsam mit Joachim, im illustren Kreise Hausmusik praktizierte: Menzel war bei den Proben dabei, solange er konnte.

Erst anno 1905, es war der 9. Februar, blieb der Platz des Abonnenten A. M. zum ersten Mal leer: an einem Tag, der durch ein Konzert des Joachim-Quartetts beendet wurde, wie immer um 19 Uhr 30. Die Partner des Primarius hatten sich an ihre Pulte gesetzt, das Publikum wartete. Joachim – das war sonst nicht seine Art, spektakuläre Auftritte schätzte er nicht – kam einige Minuten später, trat an die Rampe, verneigte sich, indem er auf Menzels leeren Stuhl blickte, so, als spräche er zu einem Einzelnen und nicht zum Publikum, und sagte sehr leise: »Bevor wir unser Programm beginnen, wollen wir zum Gedächtnis des Mannes, dessen Platz heute hier zum ersten Male leer geblieben ist, die Cavatine aus dem Opus 130 von Beethoven spielen, die er besonders geliebt hat.« Die Anwesenden – so wird berichtet – erhoben sich und »hörten stehend diesen herrlichen Satz an, der wohl niemals mit größerer Bewegung gespielt und angehört worden ist als am Abend des 9. Februar 1905«.

Eineinhalb Jahre später, zu Beginn der Saison im September, könnte – stellen wir uns vor – Joseph Joachim, zusammen mit seinen Partnern – diesmal von langer Hand vorbereitet und nicht improvisiert –, Gäste und Abonnenten (zu denen, wie man weiß, auch Moltke gehörte – Musik, nicht das Kriegshandwerk galt ihm als höchste der Künste) in die Singakademie geladen haben, um seines im Sommer verstorbenen Freundes Robert Schumann zu gedenken, der, ein halbes Jahrhundert zuvor, auf dem alten Friedhof zu Bonn beigesetzt worden war. »Wir kommen ein wenig spät«, hätte der Primarius sagen können, »leider unvermeidlich, am 31. Juli, dem eigentlichen Gedenktag, ist unser Haus nicht geöffnet; Musiker und Publikum freuen sich in Heringsdorf oder Zinnowitz auf die kommende Saison, wir – Carl Halir (2. Geige), Emmanuel Wirth (Bratsche) und der Cellist Wilhelm Müller üben ein wenig. Ich selbst natürlich auch«

Ein frühherbstlicher Abend also, Menzels Stuhl war wieder besetzt, Joachim hatte sich, denke ich mir, vor Beginn der Saison, schon im Zeichen der Gedächtnisfeier, wieder und wieder das Kreidebild aus Schumanns Elendszeit vor Augen geführt: *Er* – allein in Endenich, von Ärzten, Wärtern und Patienten, die nichts von ihm wußten, umgeben – und *sie*, im Glanz der Lichter, auf dem Podium. Die ganze Nacht habe sie geweint und in seinen Briefen gelesen – »meine Clara, mir ist, als stünde mir etwas Fürchterliches bevor. Sehe ich Dich und die Kinder nicht mehr! Wie weh! Wie weh!« – und darum, hatte sie zu Joachim gesagt, sei sie nicht sicher, ob sie durchhalten werde, heute in der Singakademie, morgen in Potsdam, und übermorgen – gefürchtet seit Wochen! – im Gewandhaus zu Leipzig: »Ach, lieber Freund, es ist so schwer, mit zerrissenem Herzen vor's Publikum zu treten.«

Und *er*, Joachim: Was hätte er sagen sollen, sanftmütig und hilflos wie er war, als sie ihm, verzweifelt über Roberts Tod, schrieb: »Gott allein weiß, mit welchem Kummer ich ans Reisen denke; wie ich Stunden habe, wo mir aller Lebensmut schwindet! Ihr saht mich in Bonn so gefaßt, ... aber es war das Gefühl *seines* Friedens, das mein ganzes Wesen beherrschte, alles Weh ging auf in Dank, daß Gott ihn erlöst hatte, aber dauern konnte es nicht, und so fühle ich jetzt den Verlust täglich herber. Wir besuchen sein Grab im Anfang und am Ende der Reise – schon war es zugewachsen nach wenigen Wochen. Er ist fort, lieber Joachim – sehr fern von mir, unendlich weit! ... Es ist mir, als sei ich gar nicht mehr Ich, kein Tod kommt in mich, ach, diese Freudlosigkeit ist schrecklich.«

Womit sollte er beginnen, in der Berliner Singakademie beim Toten-Gedenken, Joseph Joachim? Mit Robert:

wie er zum ersten Mal vor ihm spielte? Mit den Besuchen bei Clara? Mit seinem Quartett? Premieren in ihrem Haus: »Brahms hat etwas Neues geschickt: Dürfen wir üben?« Nein, er mußte anders beginnen: so, als wiederhole sich an diesem Septembertag in Berlin die Totenfeier vor einem halben Jahrhundert.

»Ein einfacher Sarg«, ja, so ließe sich anfangen (mag Joachim gedacht haben), um den Zuhörern das Gefühl zu geben, sie seien – jetzt! hier! – dabei, als die Sängerbrüder der Düsseldorfer Concordia sich auf den Weg von der Kirche zum Grab machten. Brahms und ich, seine nächsten Freunde, gingen voran, der Geistliche folgte, Clara stand irgendwo unter den Trauergästen: tief verschleiert, wie eine Statue sah sie aus, ein Marmorbild, ein Bild, auf dessen Sockel stand: ›Herr, gebe mir Kraft, zu leben ohne ihn.‹

Die Gemeinde am Grab war sehr klein – erst später, als alles vorbei war, strömten die Menschen aus ihren Häusern: Ist er wahrhaftig tot? Dann laßt uns zu ihm! Kommt, und bringt Blumen!

Ich aber, Joseph Joachim, was habe ich getan an jenem Tag, um 7 Uhr abends? Ich habe so leise, daß es niemand hörte, die Verse seines Requiems gesungen, des altkatholischen Gedichts, das er, der Pfarrersenkel und Erzprotestant (wie ich es bin: und bleibe doch Jud) so sehr geliebt hat.

In diesem Augenblick, nach den für seine Hörer befremdlichen, von ihm sonst nie gehörten, bekenntnisartigen Worten, »und bleibe doch Jud«, hielt der Primarius inne und begründete sehr ruhig, aber mit bewegter Stimme, daß er Robert Schumanns Werke – und nicht nur seine! – in der Synagoge, um der Versöhnung zwischen Christen und Juden in Deutschland willen, dirigiere; doch man habe es ihm schlecht gedankt und sich sogar geweigert, ihn Schumanns jüngstem Sohn, der nach dem Wunsch des Vaters, im Aufblick zu Mendelssohn, Felix hieße, als Jóakim: was auf hebräisch so viel bedeutet wie »den Gott aufrichtet«, an die Seite zu stellen: ihn, der nicht minder fromm als Schumann sei, Christ und Jud zugleich und deshalb an jenem Sommerabend auf dem Alten Friedhof am Rhein guten Gewissens das Gebet gesprochen habe, über das lächeln möge, wer da wolle. Sein Freund – so dürfe er ihn nennen – habe gewußt, warum er es, als sein Leben schon zur Neige ging, vertonte: »Seid Fürsprecher, heil'ge Seelen! / Heil'ger Geist, laß Trost nicht fehlen.«

Leuchtende Sterne über der Grabeszelle, ein Himmelsglanz, der noch in die Kammer dringt, wo man den Tobenden zu bändigen suchte: ans Bett gefesselt, Tag für Tag, von Klistieren gemartert, wie man's Robert Schumann antat, als er die Nahrung verweigerte.

Joachim hielt wiederum inne. Gottlob, ich hatte ihn nicht so gesehen: Er blieb Mensch für mich, bis zum Schluß. Wenn ich an die Besuche in Doktor Richartz' Privatklinik denke, sehe ich einen Mann vor mir, der nur mit großer Mühe sprechen kann, sehr langsam, doch das verwunderte die Freunde nicht – schnellzüngig ist Robert Schumann niemals gewesen –, aber seine Worte sind, wenn man sehr genau hinhört und sich aufs Erraten versteht, noch immer verständlich. Meist sitzt er, über einen großen Atlas gebeugt, am Schreibtisch, den man ihm ins Zimmer gestellt hat, und schreibt Namen heraus. Sankt Petersburg. Zwickau. Kopenhagen. Heidelberg. Dabei kann es geschehen, daß er, wenn der Besucher seinen Finger auf ein Wort legt, mit einem Ausdruck beinahe glücklichen Staunens Bemerkungen anfügt, die wie gesprochene Intervalle klingen: »Da war ich bei Hofe. Aber man hat mich nicht vorgelassen. Nur meine Clara. Hier hab' ich den Andersen gesehen. Ich mochte seine Gedichte, aber er hat verächtlich von mir gesprochen.« Und dann: »Sagen Sie, Joachim, waren Sie schon einmal in Wien? Nein? Ich sehr oft. Da haben sie mich bei Tisch neben Stifter gesetzt. Mein Gott! War das ein Langweiler!« Er stockt, blickt sich um: als suche er etwas: »Rasch! Ein Stück Papier! Da unten in der Schublade!« Ich gebe es ihm, und Schumann zeichnet mit der linken Hand ein Quadrat auf das Blatt. »Da, hier wo das Kreuz ist, saß Clara. Und da, das zweite Kreuz: ich. Und daneben der Grillparzer. Nein, der saß neben ihr: meiner Frau. Aber der Eichendorff, der war bei mir. Oder vielleicht der Hebbel? Nein, der nicht. Den hab' ich erst später gesehen. Es ist schon lange her.«

Joachim, stelle ich mir vor, sei während seiner Erzählung ganz nah an die Rampe getreten, in der gleichen Haltung verharrend wie Monate zuvor beim Nachruf auf Menzel, und habe die Anwesenden um Verzeihung gebeten: weil er so persönlich spreche, in freier Rede, dazu ohne den Ehrgeiz eines Musikwissenschaftlers. Doch wer ihn kenne, wisse ohnehin, daß er von Theorie nur wenig verstünde; seine Schüler machten sich oft über ihn lustig, weil er ihre Etüden mit der Geige verbessere und nicht mit dem Stift. Da sei Schumann, sein Meister, schon aus anderem Holz geschnitzt: Der hätte, mitten im Schaffensrausch, Fugen zergliedert und das Wohltemperierte Klavier alleweil zu seiner Grammatik erklärt.

Von der *ars musica* jedoch wolle er an diesem Abend nicht reden, sondern nur davon, was für ein Mensch der Schumann gewesen sei – zumal ganz am Ende, als es mit der Musik vorbei war – »sie schweigt jetzt«, hat er geschrieben – und für ihn keine Zukunft, sondern nur noch Vergangenheit zählte.

Das *»majestätische Perfekt«*, wie Schumann schon zu einer Zeit zu sagen pflegte, als die Geister ihm noch untertan waren, hilfreiche Gesellen und keine Dämonen, die aus Höllenschlünden aufstiegen. Dieser Mann (sagte Joachim, indem er wieder zum Stehpult ging, ein paar Zettel, immerhin, lagen auf der Platte herum) ... dieser Mann, der zeitlebens auf der Suche nach einer Heimat war, die er schließlich, daran glaube ich fest, in Endenich fand – so als sei er, mitten in der Nacht, nach

Hause geflogen –, hatte zwei Domizile, die ihn – wie kurz oft! – glauben ließen, hier sei er zu Hause: das Zimmer, in dem das Klavier stand (da konnte er komponieren, wenn Clara nicht gerade übte, so wie sie nur üben konnte, wenn er nicht komponierte – beides zugleich blieb unmöglich, und eben das war ihrer beider Problem) – das Klavierzimmer und die Bibliothek. Robert Schumann war, man kann es nicht oft genug sagen, Musiker und Literat zugleich, Tonsetzer und Criticus, Komponist und Redakteur ... und in diesem Punkt waren Clara und Robert sich einig: Kritik als Kontrapunkt der Inspiration! Übung als hohe Schule in Bachscher Manier! Wie wird Madame gelacht und applaudiert haben, als ihr einst ein besonders fleißiger Sänger – unser Julius Hochhausen war's – ihren geliebten Brahms porträtierte: »Er übt heute wie toll am Schumannschen Konzert, das heißt, er lernt es auswendig; denn jede Übung langweilt ihn so sehr, daß er nur spielt. So sitzt er am Clavier und musiciert. Schon die Begleitung der Lieder ist ihm zuviel. Nun gar Arien! Sie würden manchmal Ihren Spaß daran haben, aber Sie kennen ihn ja.«

So sehr sie sich voneinander unterschieden, Clara und Robert – *er*: alleweil ein wenig verschusselt, erkannte die eigenen Kinder nicht auf der Straße, *sie*: in jedem Augenblick exakt kalkulierend, eine Geschäftsfrau, die mit Pfennigen rechnete, während er bisweilen Goldstücke vergaß – ... so sehr Robert, dieser Komödiant, der sich hinter lauter Masken: der Verwandlung eigener Gedanken in immer neue Figuren, am Ende selbst abhanden kam, und Clara, die im Hier und Jetzt lebte – ich hab's erfahren, bei Gott, als ich ihr eine Stelle an unserer Hochschule antrug und sie mir ihre Bedingungen vortrug – ach was, Bedingungen! Oktrois einer Pianistin, die als Agentin nicht schlechter war als am Klavier: 4000 Taler jährliches Gehalt lebenslänglich (zweimal unterstrichen) mit Urlaub von fünf Monaten, freie Auswahl der Schüler, völlige Freiheit in der *öffentlichen* Wirksamkeit als ausübende Künstlerin, also der

Annahme von Engagements auswärts und in Berlin selbst, sowie Annahme anderer Schüler als der der Hochschule, vorkommenden Falles extra Privatstunden an solche. Und so weiter und so fort: Clara Schumann – eine geniale Agentin!

Das Erstaunen im Saal war allgemein, die anwesenden Vertreter der Musikhochschule schüttelten den Kopf (den Brief habe Joachim offenbar aus gutem Grund unterschlagen), junge Künstler hingegen bekundeten Respekt – so und nicht anders mußte man mit Behörden verkehren: grandios, diese Frau!…

Der Redner, so schien es, hatte den Faden verloren. Joachim aber, geistesgegenwärtig wie beim Quartettspiel, wenn die zweite Geige oder der Bratschist sich einmal vertaten, der Cellist nie, der Primarius erst recht nicht, ließ sich nicht aus der Ruhe bringen, genoß vielmehr das Zwischenspiel, so als ob es – das Hindösen etlicher Hofdamen konterkarierend – eingeplant sei und fuhr fort: So sehr sich die beiden auch unterschieden – in einem waren sie eines Sinns: Arbeit ist für Musiker, die auf sich halten, nützlicher als Faulenzerei, wie sie, bis zum heutigen Tag, zumal dem jungen Robert vorgehalten wird. Verbummelte Genies (Joachim nahm die Studierenden im Saal ins Visier: »Hören Sie gut zu, meine Herren!«), – verbummelte Genies bringen es nicht auf 150 *opera*, unbezifferte Werke und Fragmente nicht eingeschlossen, Zyklen *in toto* gerechnet. Frauengeschichten in früher Jugend (mein Gott, wie hat der Mann dafür bezahlt: man lasse sich von Doktor Richartz ein *privatissimum* halten!), *cerevisium* und schwarze Teufel, Zigarren also, – geschenkt! Am Ende zählt nur die Arbeit am Flügel oder – Joachim lächelte und verbeugte sich, wie's seine Art war, graziös vor Abonnenten und Gästen – ich hab's nicht vergessen: in der Bibliothek. Unter Büchern, jawohl! Schumann, wie leicht wird das vergessen, war erst zuletzt ein Bohémien, zuerst aber ein besessener Leser. Immer wieder inständig repetierende Lektüren von Jean Paul, E. T. A. Hoffmann … Heine ohnehin. (»Den habe ich geliebt, ein freundlicher Herr; ich erinnere mich an sein Haus mit dem Garten, der beinahe so schön wie – schauen Sie! – der Park hier in Endenich ist!«, sagte er einmal mit tieftraurigem Gesicht: abgewandt von mir, um seine Tränen zu verbergen, als ich ihm, ein halbes Jahr vor seinem Tod, berichtete, Heine sei in Paris gestorben.)

Und dann Luther, Homer und Platon, die er im Urtext studierte, dazu, den Himmeln nah, *seine* Bibel, in der er unermüdlich nach Stellen suchte, die eines Tages, so hoffte er bis zuletzt, Eingang in das Florilegium »Der Dichtergarten« finden sollten: »Schreiben Sie auf, lieber Joachim, was ich gestern entdeckte.« Ich höre seine Stimme noch heute und sehe ihn vor mir, wie er sich tief über das Buch beugt und dann, mit seiner – wie sag' ich's am besten? – *tropfenden* Sprache, die dank einer Lupe vergrößerten Sätze zu bilden versuchte: Erstes Buch Samuelis, Kapitel 16: »Die bösen Geister machten Saul *seer unrügig*: Was heißt das, Joachim, *unrügig*?«

»Sie machten ihn ängstlich, will Luther sagen.«

»Schwermütig also und gepackt von Melancholie.«

Ich antwortete, denn ich kannte die Stelle: »Doch nicht für immer. Die Musik wird ihn heilen.«

Schumann nickte und las weiter: noch stockender als zuvor, und fing, während er die Buchstaben zu entziffern suchte, plötzlich zu weinen an: »Sehet nach dem einen Mann, der auff der Harffen wol spielen künde und bringet ihn zu mir. Also kam David zu Saul und dienete für jn und er gewann jn seer lieb. Wenn aber der böse Geist über Saul kam, so nam David die Harffen und spielet mit seiner Hand. So erquickte sich Saul und es ward besser mit ihm, und der böse Geist wich von ihm. Ende des 16. Kapitels.«

Robert Schumann – fuhr Joachim fort – schloß das Buch, das Clara ihm nur unter vielen Bedenken nach Endenich geschickt hatte (es könnte, fürchtete sie, ihn zu sehr erregen), hielt einen Augenblick inne, winkte mich zu sich, ich möge mein Ohr an seinen Mund legen und flüsterte: »Das soll unser Motto sein – im ›Dichtergarten‹ « – diesem Wunderwerk einer Montage, die Texte der Propheten mit Visionen Homers und Platons, Shakespeares, Martin Luthers und Goethes vereinte. Der »Garten« – für Schumann das Buch der Bücher, an dem er, vor der Umnachtung, anno 1854, zur Karnevalszeit, Stunde um Stunde in der Düsseldorfer Staatsbibliothek unter der Maxime gearbeitet hat, die – man erlaube mir die Bezeichnung, die ich als Kind lernte – gleichfalls im ›Buch unserer Väter‹ aufgezeichnet ist, bei Jesus Sirach: »Irre die Spielleute nicht und wenn man Lieder singt, so wasche nicht drein«, was bedeutet: haltet die Musiker, Komponisten und, ihnen nachgeordnet, die praktizierenden Meister in Ehren und vergeht euch nicht an ihrer himmlischen Sprache.

Robert Schumann, zu dessen Gedächtnis ich, Joseph Joachim, heute abend zu sprechen habe – Berufenere als ich, Clara und Johannes Brahms, Roberts junger Messias: er, »der da kommen mußte«, sind schon lange nicht mehr unter uns – Robert Schumann hat in seiner tiefen Einsamkeit: Er durfte ja nicht einmal wissen, wenn Clara und ich, während er in Endenich seine Bibel buchstabierte, auswärts musizierten; die Zeitungen für ihn waren sorgsam präpariert ... Robert Schumann, ich sage es wieder und wieder, hat die Gedanken der Großen, wie sie im »Garten«-Buch stehen, durch seine Musik, die wie kaum eine andere den Geist dieser Sing-Akademie bestimmt, lebendig erhalten. Dafür sei ihm Dank: ihm und seiner Frau, die mir, über die Jahrzehnte hinweg, auf unseren Konzertreisen zwischen den Aufführungen von ihm erzählte: von seinen Gedanken und seinem Traum, eine Musik zu erfinden, in deren Zeichen die Grenze zwischen Leben und Kunst hinfällig würden; aber dafür, hat er seiner Frau gesagt, reichten seine Kräfte nicht aus; denn eine Musik mitten unter den Menschen und zugleich unter den Sternen – die lasse sich alle hundert Jahre nur *einmal* komponieren: von

Mozart. Nein – wie oft hat Clara mir das erzählt –, *zweimal*: auch von Felix, dem Glücklichen, den er den Fackelträger nannte, den Genius mit den gekreuzten Füßen; Hermes, den Boten eines gnädigen Todes, wie ihn die Griechen verehrten. Robert hat ihn mir bisweilen auf unseren Endenicher Spaziergängen, über den Friedhof im nahen Bonn, lebendig werden lassen – ein Wärter folgte in gebührendem Abstand. Aber Schumann sah sich nicht um. Er gehörte längst zu den Toten und blieb doch, bis zum letzten Tag, der Fackelträger für uns drei: Johannes, Clara und, ihnen nachgeordnet, Joachim: dem Gott aufhelfen möge.

Mit diesen Worten endete die Rede eines Mannes, der zeitlebens für wechselseitige Achtung plädierte: als Deutscher, der gleichwohl ein Jude blieb, und als Konservativer, dem Kunst mehr als Gesinnung galt – und dies sogar, zu Claras Ärger, im Fall Richard Wagner: »Levi sagt, Wagner sei ein besserer Musiker als Gluck! Und Joachim? Hat nicht den Muth, gegen die Anderen aufzutreten. Sind sie denn alle Narren außer mir?«

Nun, Joachim blieb unbeirrt – primo la musica, e por le parole –, aber nach Bayreuth ging er doch nicht, da konnte Madame Schumann, die – wie er sie einmal spaßhaft nannte – Frau Doktorin, beruhigt sein.

Mit Ausnahme der Konzertreisen, vor allem nach London, verließ der Maestro bis zu seinem Tod anno 1907: ein Jahr nach unserer imaginären Soiree, seine Wirkungsstätte nicht; Wagner blieb fern, und die deutsche Romantik durfte in der Singakademie auch weiterhin triumphieren.

Die Gedenkveranstaltung zu Beginn von Joachims letzter Saison schloß mit Schumanns Streichquartett A-Dur, op. 41, Nr. 3, einem jener Streichquartette, die, so wird berichtet, Joachim mit seinen Partnern Clara Schumann, als sie alt geworden war, noch einmal vorspielen wollte; aber ihre Taubheit war zu weit fortgeschritten: »Ich höre nichts, lese nach und höre doch nichts; das

Musicieren in meinem Kopf ist wahrhaft teuflisch, immer mich gewaltsam herausreißend, wenn ich mal eine kleine Stelle zu verfolgen hoffe.«

Doch davon sagte der Primarius anno 1906 kein Wort; nichts von den Dämonenstimmen, die *beide*, Robert und auch Clara, zu Tode marterten. Und nichts vom Düsseldorfer Debakel, als Schumann am Dirigentenpult mit dem Lorgnon die Noten suchen mußte; nichts vom Aufstand der Musiker: Ein Cellist verließ, während der Probe für Joachims Hamlet-Ouvertüre, das Orchester, lief einfach fort und kam, so als sei nicht das Geringste geschehen, irgendwann wieder. Nichts von den Schreien bei Nacht: »Haltet mich fest! Bringt mich fort!« Nichts von den Qualen der Schwermut und der Sehnsucht, es möge ein Ende haben mit ihm: »Ach, könnte ich doch hinübergehen, rasch und sanft wie mein Felix!«

Unsere Matinee endete leise und beinahe heiter. Der Primarius, dem Schumann einige seiner schönsten Violin-Exerzitien zugeeignet hatte – »für Joachim komponiert« –, war kein Freund des pathetischen Ausbruchs, und darum begnügte er sich mit einem knappen Zitat aus Roberts letztem Brief an ihn: »Zwischen diesen Zeilen steht, in synthetischer Tinte, eine Geheimschrift, die später einmal hervorbrechen wird«, ehe er, beinahe flüsternd, nur vorn im Saal vernehmbar, ein *»requiescas in pace*, heute, nach fünfzig Jahren, und in Ewigkeit« sprach, um dann, in stummem Gedenken zu den Musikern zu gehen, die während seiner Rede auf ihren Plätzen geblieben waren. Dort setzte er sich an sein Pult und stimmte, gemeinsam mit Halir, Wirth und Müller, stattlichen Herren mit kräftigen Bärten, die Instrumente – und die jungen Auryns tun's, ein Jahrhundert später, ihnen nach.

»Endlich mal ein richtiger Maler«

Ein Gespräch zwischen Fontane und Liebermann

SPRECHER/FONTANE *(am Pult, während Liebermann schon Platz nimmt)*: »Meine liebe Mete«, so Theodor Fontane am 19. März 1896 an seine Tochter, »ich gehe, wie Dir Mama wohl schon geschrieben hat, unruhigen Tagen entgegen, Sitzungstagen, Maltagen. Ich freue mich aber drauf, einmal, weil es nun doch endlich mal ein richtiger Maler ist, dem ich in die Hände falle, dann weil Liebermann ein ebenso liebenswürdiger wie kluger Mensch ist.«

Die Arbeit begann im bescheidenen häuslichen Ambiente, Potsdamer Straße 134c, später zogen die Herren, wegen des besseren Lichts, in Liebermanns Atelier, Auguste-Victoriastraße; aber da war es – das Frühjahr kam spät anno 1896 – entschieden zu kühl. Für die »Gräder«: die Celsius-Grade möchte er, erkältungsanfällig wie er sei, lieber selbst sorgen, ließ Fontane wissen. Der Maler war einverstanden, die Arbeit kam, bei Fontanes, zügig zum Ende.

Ein später Frühlingstag, der Himmel leuchtete; die beiden Herren, der ältere, am Rande bemerkt, der unglückseligste aller Sekretäre der Akademie der Künste zu Berlin (nur ein paar Wochen im Amt und der Bettel wird hingeschmissen – »Akademie, lebe wohl! aber enfin, es muß auch so gehen!«), der jüngere: später Ehrensenator Berlins und vom Dienst- und Privatdomizil aus das kulturelle Leben der Stadt bestimmend – ein Akademiepräsident, wie es keinen zweiten gab ... diese beiden Männer saßen einander in Fontanes Arbeitszimmer gegenüber, auf dem Schreibtisch lagen das *Poggenpuhl*-Manuskript und daneben Skizzen zum *Stechlin. (geht zu seinem Platz)*

LIEBERMANN *(prüft Papier und Kreidestift, sieht Fontane an)*: Ja, is gut so, nur den Kopf etwas höher, wenn's beliebt. Die Halsbinde sitzt. Ne, nicht ganz. *(geht auf Fontane zu, zupft am Tuch)* So, 's wird Zeit. Bin nun mal ein Pedant.

FONTANE: Mir sehr lieb, Meister. Bin's auch. Nur nicht bummeln. Was um drei nicht fertig ist, wird bis zum Zubettgehen nichts mehr.

LIEBERMANN: Mühe und Arbeit, das macht's. Sind eben Preußen, wir zwei. Den Kopf etwas nach rechts. Meine Frau sagt immer: Nach dir kann man die Uhr stellen. Um neun an der Staffelei. Essen um eins. Dann der Spaziergang und um vier geht's wieder los.

FONTANE: Und das Schläfchen nach Tisch?

LIEBERMANN: Gibt's bei mir nicht. Faulenzerei. *(zeichnet während des Gesprächs weiter, verbessert und ergänzt)* Wo waren wir das letzte Mal stehen geblieben?

FONTANE: Sie wollten von Bismarck erzählen.

LIEBERMANN: Richtig, Engel war wieder bei mir. Oder war's der andere? Pinnow?

FONTANE: Nein, Engel. Hab's mir notiert. Diener Engelke soll er heißen, im *Stechlin*. Klingt zugleich nach Herrnhut und nach Berlin.

LIEBERMANN: Gut, also Engel. Brauche ihn für einen Mann auf meinem Biertisch-Bild. Mein lieber Herr, hat der eine Gurke! *(hält die Linke als Faust an seine Nase)* Hat mir erzählt, vertraulich natürlich, dann kommt's bei mir immer am schnellsten unter die Leute, daß Bismarck seine Tage nur noch mit Schimpfen zubringt. Freut sich über jeden Besuch, weil er dann wieder loslegen kann.

FONTANE: Ja, hab' ich auch schon gehört, aus ersten Kreisen sogar. Das klingt dann so: »Der Fürst ist dankbar, wenn er auf seiner Invektivenorgel ein neues Register ziehen darf.« Auch nicht schlecht.

LIEBERMANN: Trotzdem, Engel ist mir lieber. »Durchlaucht«, hat er zu Bismarck gesagt, »ick will nun lieber 'n bißken rausgehn, daß ich es nich alles höre.« – »Geh nur; ich hab' noch lange nicht ausgekollert.« Ja, das gehört zu dem Alten. Maulfaul ist er nicht. Immer vorweg mit dem Mund.

FONTANE: Weiß schon, Liebermann. Sie mögen ihn nicht.

LIEBERMANN: Weil er 'n Großsprecher ist. Fast wie der Kaiser. Darum können sie sich auch nicht riechen, die zwei.

FONTANE: Aber ein genialer Geschichtenerzähler bleibt er doch. Einer aus meiner Zunft.

LIEBERMANN: Sind Sie des Teufels, Fontane? Bismarck – ein Dichter?

FONTANE: Werden gleich sehen, Liebermann. Da oben, im obersten Bort, das rote Buch, holen Sie's mir mal?

(Liebermann steht auf und holt das Buch)

FONTANE *(blätternd)*: Da haben wir's ja schon: »Graf Harry Armin vertrug wenig Wein und sagte mir einmal nach einem Frühstücksglase: ›In jedem Vordermann in der Carriere sehe ich einen persönlichen Feind und behandle ihn dementsprechend. Nur darf er es nicht merken, solange er mein Vorgesetzter ist.‹« Na, was sagen Sie?

LIEBERMANN: Ja, fängt gut an. Bin gespannt.

FONTANE: »Es war dies in der Zeit, als er, nach dem Tode seiner ersten Frau aus Rom zurückgekommen, durch eine italienische Amme seines Sohnes in Rot und Gold Aufsehn auf den Promenaden erregte und in politischen Gesprächen gern Machiavell und die Werke italienischer Jesuiten und Biographen citierte.« Und nun kommt's: »Er posierte damals in der Rolle eines Ehrgeizigen, der keine Skrupel kannte, spielte hinreißend Klavier und war vermöge seiner Schönheit und Gewandtheit gefährlich für die Damen, denen er den Hof machte. Diese Fähigkeit auszubilden hatte er frühzeitig begonnen, indem er als Schüler des Neustettiner Gymnasiums von den Damen einer wandernden Schauspielertruppe sich in die Lehre nehmen ließ und das mangelnde Orchester am Clavier ersetzte.« *(schnalzt mit der Zunge)* Mein Gott, ist das gut: dieses Heben und Senken der Silben, die Melodie, der Rhythmus der Perioden, die langen, wohlgegliederten Sätze – Witz und Esprit: »von den Damen einer wandernden Schauspielertruppe sich in die Lehre nehmen ließ« – das bringt die Sache auf den Punkt und ist dabei von höchster Diskretion. Soll ich weiterlesen?

LIEBERMANN: Tut mir leid. Geht leider nicht, lieber Fontane. Kann Ihre Augen nicht entbehren. Bin gerade beim linken. Der Tränensack gefällt mir nicht. Im Ernst: das soll von Bismarck sein, dem alten Polterer? *(schüttelt den Kopf)* Ne, Herr, das ist von Ihnen. So schreibt kein anderer.

FONTANE: Leider doch. Wissen Sie, Liebermann: Eines Tags wird ein Gelehrter kommen – warum eigentlich nicht in der Akademie? –, der einen Vortrag über das Thema hält: ›Bismarck und Fontane – zwei Poeten ihrer Zeit‹, und wenn er klug ist, der Bursche, dann wird er sein Publikum ein wenig foppen und Bismarckzitate für Fontanesätze ausgeben. Oder umgekehrt.

LIEBERMANN: Und Sie wären nicht gekränkt, wenn's so käme?

FONTANE: Ganz im Gegenteil. Was Gutes kann man schließlich nicht oft genug hören – wer's auch immer gesagt hat.

LIEBERMANN: Sind eben ein nobler Mann, Meister. Ich wäre so großzügig nicht. Wenn ich mir vorstelle, da gibt's irgendwann ein Gerede, einige Bilder seien gar nicht von mir, sondern – nehmen wir einmal den schlimmsten Fall – von Anton von Werner – ich weiß, Sie mögen ihn auch nicht – das wäre mir völlig egal. Aber wenn Werner sagt, seine Bilder seien von mir, dann verklage ich ihn. Werner ist Werner und Bismarck ist Bismarck – und wir beide bleiben, bitteschön, was wir sind. Und jetzt brauchte ich eigentlich eine Havanna. Gut, daß man hier nicht rauchen darf. Weiß schon: Madames Gardinen und ihr Emphysem. *(fährt fort zu malen, schweigend und höchst verwundert)* Tatsächlich Bismarck? Dieser launische Kerl? In Holland haben sie Angst vor ihm, sogar die Kinder, die wissen warum.

FONTANE: Wollten ihn niemals malen?

LIEBERMANN: Ne. *(Pause)* Als Landmann vielleicht, den Schweiß im Gesicht. Auf einer Bank, mit Rechen und Hacke. Bauer Bismarck in Varzin. Aber nicht der Halberstädter: Kürassierhelm, Orden und dicker Bauch. Nein, wenn's denn Bismarck sein muß, dann der andere – der Bauer, der die Welt in Händen hält: das Große ins Kleine verwandelt. Schweißperlen statt Säbel und Ritterstiefel ... ja, das hätte mich gereizt. Das wär' Kunst. 'N Biergarten, 'n Rosenstrauch – das Spiegelbild der ganzen Welt ... ich langweile Sie?

FONTANE: Langweilen? Ausgerechnet jetzt, wo Sie die Regeln aufzählen, nach denen ich arbeite, hier in meinem kleinen Romanschriftstellerladen? Jawohl, Liebermann! Großes können auch Dilettanten abmalen; den Löwen, haben Sie das nicht mal irgendwo gesagt, pißt auch der Laie in den Schnee, wenn's kalt ist. Aber den Floh im Fell des Löwen so zu beschreiben, daß er ein Raubtier sein könnte ..., ah, was rede ich da, ihr Bonmot, Liebermann, bringt mich ganz aus der Fassung.

LIEBERMANN: Ja, ist tatsächlich von mir. Bezieht sich allerdings auf einen Politiker und nicht auf einen Löwen, den jeder Hanswurst in den Schnee pissen könnte.

FONTANE: Gut, also ein Politiker. Was ich sagen wollte ... bitte, unterbrechen Sie mich nicht.

LIEBERMANN *(deutet mit dem Pinsel auf das Bild)*: Werde mich hüten.

FONTANE: Es kommt darauf an – das ist es! – das Allerkleinste so exakt und minuziös, aber zugleich auch – wie sag ich's – mit so viel verweisender Kraft zu schildern, daß es plötzlich im Einzelnen Durchsichtigkeit und im Ganzen Transparenz gewinnt. – Ein bißchen akademisch, wie?

LIEBERMANN: Kann schon folgen, Fontane. Mir sehr nach dem Herzen, was Sie da sagen.

FONTANE: Aber nicht genau genug. Also noch mal: Es geht darum, das Konkrete und Lebensechte so zu schildern, daß es Gleichnischarakter gewinnt.

LIEBERMANN: Sehr gut, das schreibe ich mir auf, nach der Sitzung.

FONTANE: Ich kann's noch besser. Hören Sie – eine Sentenz für den Maler. *(schließt memorierend die Augen, sucht nach einem Zitat)* »Die Kunst landschaftlicher Schilderung besteht« – auch für uns Schreiber – »nicht darin, eine ganze Landschaft getreulich abzumalen, sondern vielmehr darin, den *einen* Punkt zu entdecken, worin sich *diese* Landschaft von jeder anderen unterscheidet.«

LIEBERMANN: Das ist phantastisch, Fontane, das trifft's genau, das ist wundervoll wahr. Wo steht das bei Ihnen? *(da Fontane zögert)* Na, reden Sie schon!

FONTANE: Sorry. Der Satz ist von Bismarck. Sie unterschätzen ihn.

LIEBERMANN: Trotzdem. Das sollte man Menzel mal ins Stammbuch schreiben. Im Allgemeinen das Individuelle und im Detail das Ganze zu schildern macht das Genie. Daß er das nicht begreift! Daß er an seinen Hüten und Flöten, Teppichen und Kronleuchtern klebt, daß er Photograph bleibt und darüber seine eigentliche Begabung vergißt: die Kunst, Dinge zueinander in Beziehung zu setzen; daß er sich nicht freimacht von der Konvention, vom Zwang des Kostüms, der Orden und Uniformen. Und dabei könnte er's, wenn er seine verdammten Details *einmal* mit dem Schleier der Poesie umhüllte. Wenn dieser Teufelskerl, der die Begabung, die der liebe Gott ihm gab, seiner Gewissenhaftigkeit opferte, sich endlich traute, der ganzen Pingeligkeit Valet zu sagen und Subjektivität und Risiko mit großen Anfangsbuchstaben zu schreiben – dann, glauben Sie mir, Fontane, säße ich gern noch einmal auf dem kleinen Schemel vor ihm, um ihn zu bewundern. Aber das ist vorbei. Der Mann ist ein Genie, doch leider ohne Courage. *(hält erschöpft inne)* Ein Glas Pyrmonter würde mir guttun. *(Fontane klingelt, ein Dienstmädchen, adrett gekleidet und von Liebermann wohlwollend betrachtet, bringt eine Flasche)* Ach, Pyrmonter kann man immer trinken, nur Friedrich der Große mochte es nicht. Es war ihm zu gesund.

FONTANE: Sehen Sie ihn nicht mehr, Menzeln, nicht mal im Weinhaus Huth? Da sitzt er doch jeden Abend, wenn er nicht bei Hofe ist.

LIEBERMANN: Vorbei, Fontane, *for ever*. Madame mag ihn nicht, und sie hat recht. Als ich Menzeln von unserer Ehe erzählte, »in ein paar Wochen wohnen wir in den Zelten, Nummer 11, Sie finden uns leicht«, da sagte er nur: »Was? Heiraten? Zeitverschwendung, weiter nichts.« Ja, das war's dann. Trotzdem, habe viel gelernt von ihm, er bleibt der Meester, wer kann schon sagen, was aus mir geworden wäre, ohne ihn. *(plötzlich stark berlinernd)* Dat *Kieken*: det hat er mir beijebracht. Wissense, Fontane, *(spricht, ein wenig dozierend, wieder hochdeutsch)* mit der Kunst ist es so: Erst muß man sehen, dann geht's ins Herz, dann in den Kopf, dann durch die Finger auf die Leinwand. Umgekehrt aber – Sie folgen mir, nicht wahr? –, erst mit dem Kopf und dann auf die Leinwand, ohne Natur: Das ist verrückt. Das geht einfach nicht. Sie lächeln, Fontane? *Ihr* erster Einfall; der geht – nun sagen Sie aber mal! – nicht von einer Bluse aus, einem Hinterhof, der Fassade eines Schlosses irgendwo in der Mark?

FONTANE: Nein.

LIEBERMANN: Und wovon denn?

FONTANE: Von Menschen.

LIEBERMANN: Also doch die Bluse. Von mir aus auch der Bratenrock.

FONTANE: Nein, sage ich.

LIEBERMANN: Ja, in Teufels Namen, wovon denn?

FONTANE: Von der Sprache. Bevor ich weiß, ob ich einen Mann oder eine Frau beschreiben will, kenne ich den Tonfall meiner Figuren, mache mir Notizen über ihre Floskeln, ihre Lieblingswendungen, ihre – richtigen oder falschen – Zitate, ihren Dialekt und damit über gesellschaftlichen Stand, Herkunft und Umwelt. Könige reden nicht Plattdeutsch, Domestiken nicht *small talk*.

LIEBERMANN: Das heißt, wenn ich der alte Dubslav wäre, von dem Sie mir das letzte Mal erzählten – oder war es schon das vorletzte?

FONTANE: Dann stünde in meinem Notizbuch: berlinert, aber mit Distanz und Ironie, spricht Hochdeutsch niemals akzentfrei, obwohl er es könnte; weiß genau, daß seine Bonmots durch Berolinismen gewinnen.

LIEBERMANN: Zum Beispiel?

FONTANE: Trifft eines Tages in Gesellschaft mit einem berühmten Mann zusammen, der gerade zum fünften Mal geheiratet hat und seine neue Gattin …

LIEBERMANN: *Gattin* sag ick nie.

FONTANE: … der Berliner *society* vorführt, wird vom Hausherrn gefragt, ob er besagter – pardon! – Gattin vorgestellt zu werden wünsche und sagt: »Ne, danke. Die überspring' ick.«

LIEBERMANN: Kenn ick, det Bonmot. Hab ick jesagt.

FONTANE: Dann bitte ich um Verzeihung.

LIEBERMANN: Aber wozu denn? Jetzt warte *ich* mit Bismarck auf: Eines Tages, wird berichtet, erzählte 'n Diplomat dem Kanzler eine Begebenheit, die in Varzin bereits bekannt war. Der Botschafter hatte sie schon einmal erzählt und bat um Pardon. Bismarck aber legte ihm die Hand auf die Schulter: »Ihre Geschichte, Exzellenz, ist besser geworden.« – Können Sie noch, Fontane?

FONTANE: Wir essen nie vor zwei.

LIEBERMANN: Na, so lange bleib' ich nun doch nicht. Muß noch zu Bleichrödern und mich entschuldigen. Habe wieder mal die Soiree geschwänzt. Stellen Sie sich vor, Fontane, 40 Musiker auf der Galerie … und was spielen die? Wagner! Immer nur Wagner! Mann, das halt ich nicht aus.

FONTANE: Da sollten Sie mal nach Bayreuth fahren, Liebermann. *Parzifal*, ein Tubablasen, kann ich Ihnen sagen, als wären's die Posaunen des Jüngsten Gerichts. *(beugt sich vor, leise)* Bin nach der Ouvertüre gegangen. Dabei ist der Mann interessant. Wenn nur das Gequassel nicht wäre, die Albernheiten – und dabei kein Witz! Alles todernst, immer nur »Lübe« und Tod. Aber beschreiben möchte ich ihn schon.

LIEBERMANN: Um Gottes willen. Nur das nicht. Meine Tochter wirft Sie hinaus. Die haßt den Kerl – und dann auch noch Sachse!

FONTANE: Ihre Tochter … mich hinausschmeißen? Wird sie nicht tun. Wissen Sie, Liebermann – noch eine Flasche Pyrmonter? *(Liebermann winkt ab)* – dieser Wagner – wiederhol' ich mich? Egal! – ist erstens ein *Typ* und zweitens ist er'n *Charakter* – und wenn das zusammenkommt, das Allgemeine und das Persönliche, dann sind wir Autoren gefordert.

LIEBERMANN: Und wir Maler auch. Typ *und* Charakter – *und*! – da haben Sie's schon wieder getroffen. Eins nicht ohne das andere. Hab's selbst erfahren, als ich vor Jahr und Tag den ollen Mommsen zeichnen wollte. Sie kennen ihn ja. Hat Ihr Doktor-Diplom ins Lateinische übersetzt. Oder nicht?

FONTANE *(beiläufig)*: Doch, doch …

LIEBERMANN: Was für ihn spricht. Hat Courage, der Mann. Denken Sie an 48. Ein Demokrat, wie es nur noch wenige gibt, unter Wilhelm und Herrn von Werner. Und der Kopf, lachen Sie nicht, Fontane: nur Seele, nur Geist, gebadet in Schnee. Det is keen Kopp, det is'n Haupt! 'N Wunderwerk der Natur. Aber so oft ich's versuchte, ich kriegte ihn einfach nicht hin. Das wurde nicht Mommsen, das blieb ein Typ, der zerstreute deutsche Professor, der an der Haltestelle den Regenschirm stehen läßt und bei Tisch seine Gläser umkippt – als erster natürlich; der Bann ist gebrochen, die Hausfrau streicht ihm über die Hand: »Aber lieber Mommsen, wozu wären Sie auch sonst deutscher Professor?« *(vergleicht Bild und Gesicht)* Den rechten Arm höher! Mehr! *Entschieden* höher! Typ *und* Charakter. Mein Gott, wie das blitzt! Haben Sie nicht mehr Ratschläge für mich? Die Sitzung beginnt sich zu lohnen.

FONTANE: Nur einen noch.

LIEBERMANN: Da bin ich nun aber gespannt.

FONTANE: Hüte dich, *alles* zu sagen. Laß der Phantasie des Lesers Raum, sich zu entfalten. Bedenke: Sobald die Erfindungskraft deines Gegenübers pausiert, tritt Langeweile ein – und dann bist du verloren.

LIEBERMANN *(klatscht in die Hände, läßt den Kreidestift fallen, bückt sich, geht auf Fontane zu und umarmt ihn, ehe er sich, zurückkehrend, vergewissert, daß die Ausgangslage wieder erreicht ist)*: Hören Sie, Fontane, das ist genial – und dabei so einfach. Selbst für uns Maler. Lücken lassen muß man. Aussparen. Weniger Menzel, mehr Fontane. Werd's beherzigen. Sagen Sie, können Sie mir ein Beispiel nennen für Ihre Aussparungstechnik?

FONTANE: Nichts leichter als das. Sie kennen vielleicht meinen Roman *Effi Briest*?

LIEBERMANN: Aber Verehrtester, wer kennt den nicht? Eines Tages will ich ihn illustrieren. Effi auf der Schaukel, hab schon ‘ne Skizze. *(Pause)* Worauf wollen Sie eigentlich hinaus? Der Ehebruch-Roman – das ist doch eindeutig. Was wird da ausgespart?

FONTANE: Eigentlich alles. Da wird kein Hemd aufgeknöpft, keine Hose zu Boden geworfen, da wird nicht gestöhnt und geschluchzt und kein »Nun komm endlich« gesagt – und trotzdem weiß der Leser Bescheid, auch wenn ich ihm berühmte »Schilderungen« erspare, pfui Teufel! Die Briefe an Crampas genügen, allenfalls noch der Hinweis, daß Effi die Spaziergänge zum Haus an der Düne, die sie während des Majors Abwesenheit aufgegeben hatte, nach dessen Rückkehr wieder aufnimmt. *C‘est tout* – und genug. Aber nun werde ich müde: siebenundsiebzig, *jeune homme*, werden Sie erst einmal so alt.

LIEBERMANN: Nur einen Augenblick noch. *(lauscht, Teller klappern, aber der Maler bleibt sitzen, legt den Stift zur Seite)* Jetzt können Sie sich’s kommod machen, Fontane. Hab’ viel gelernt, heute morgen. *(Pause)* Sagen Sie, wollen wir nicht mal ‘n Buch zusammen schreiben, wir zwei?

FONTANE: *Why not*? Und der Titel?

LIEBERMANN: Sagen wir: ›Kniffe und Tricks aus Malerei und Literatur‹. *(Fontane schüttelt den Kopf)* Gefällt Ihnen nicht? Also was anderes. ›Typ und Charakter: Gedanken zweier Kunstsachverständiger.‹

FONTANE: Sind wir nicht.

LIEBERMANN: ›Das Einfachste ist das Schwerste.‹

FONTANE: Schon besser. Aber warten Sie. ›Weglassen als Prinzip.‹ Wie wär’s damit?

LIEBERMANN: Das ist allerdings von Schadow. Macht aber nichts. Die Berliner werden sich freuen. Die lieben den Alten. *(hebt das gemalte Bild hoch)* Und nu kieken Se mal. Det is et. Nu, wat sagen Se?

FONTANE *(erschrocken)*: Mein Gott, bin ich wirklich so alt? *(betrachtet die Zeichnung genauer)* Fast ein bißchen verwahrlost, wie? Das dünne Haar, der eingefallene Mund, geht der Mann nie zum Zahnarzt? Braucht er wohl nicht mehr. 'N Pastor braucht er. 'N Friedhofsgärtner. Mein Gott, wie alles fließt auf diesem Bild: das löst sich auf und schwebt, verdämmert beinahe. Der Tod ist nah – 's wird Zeit, sich auf die Reise zu machen. Eins muß man Ihnen lassen, Liebermann: ehrlich sind Sie.

LIEBERMANN: Das auch. Aber vor allem *(zeigt auf das Bild und auf Fontane)* mag ich den Mann. Außerdem finde ich, lachen Sie nicht, sieht er wunderschön aus. Denken Sie an Menzel – komisch, der und Bismarck, von den beiden kommen wir zwei einfach nicht los – wie die junge Frau in sein Atelier kam – nichts als glatte Leere zwischen Ohr, Nase und Mund, aber dreist war sie: »Meister, wann bekomme ich einen Termin?« – »In vierzig Jahren, eher nicht. Dann haben Sie vielleicht ein Gesicht. Jetzt fehl'n die Falten. Hübsch sind Sie schon, aber 'n bißchen langweilig.«

FONTANE: Klingt gut, Liebermann; doch ich habe eine Gegengeschichte, und die ist noch besser: Der Dichter Lenau traf eines Tages eine alte Dame: »Ach, gnädigste Frau, wie schön sie sind.« – »Aber lieber Lenau, ich bin eine alte Frau.« Lenau mustert sein Gegenüber: »Ich sehe Ihre Seele.« *(schaut aufs Bild)* Ach, Liebermann, Sie haben mir da einen schönen Wechsel auf Innerlichkeit ausgestellt. Nun ja, außen ist ja wirklich nicht mehr viel. – Und wer bekommt das Bild?

LIEBERMANN: Niemand. Das behalte ich. Ist zu gut für die Leute.

FONTANE: Und unsere Sitzungen?

LIEBERMANN: War'n nur für uns zwei – und als Skizze für'n anderes Bild. Hab's schon im Kopf. Würdig und straff werden Sie aussehen, mit schierer Haut und einem Mund, der sogar Zähne zeigt. Die Leute werden sich darum reißen.

FONTANE: Und ich?

LIEBERMANN: *Sie*, hoffe ich, mögen dies Bild hier lieber. Schließlich verstehn Sie ja was vom Metier. *(leise)* Gelt, wir sind schon Kerle, wir zwei, was? Und nun gehen Sie an den *Stechlin* oder wollen Sie etwa verreisen?

FONTANE: In die Müggelberge zur Arbeit vielleicht. Für'n Vesuv bin ich zu alt.

LIEBERMANN *(beim Einpacken)*: Na, so schlimm ist Italien ja nun auch wieder nicht. Wenn nur die Schweiz nicht wäre, auf dem Weg. Da willst du nun kieken und malen – und was siehst du? Nur Berge, einer höher als der andere. *(lauscht)* Das sind die Suppenschüsseln. Bitten Sie Frau Fontane um Pardon.

FONTANE *(jetzt, nachdem die Arbeit getan ist, sehr bewegt)*: *Au revoir*, lieber Freund, auf bald, am Pariser Platz Nummer 5. Da dürfen Sie rauchen. Und Dank für alles. *(holt einen kleinen Taschenspiegel hervor)* Sie haben recht, ich sehe wirklich so aus ... und sagen Sie Madame: ihr Kuchen letzte Woche war exzellent. Kommen Sie, ich bringe Sie raus.

SPRECHER/FONTANE: Zwei Jahre später war Fontane tot. Er starb, wie er gelebt hatte: am Schreibtisch, mit dem Stift in der Hand. Seine letzte Notiz: »Ausgezeichnet«.

SPRECHER/LIEBERMANN: Max Liebermann aber, viele Jahre Präsident der Akademie der Künste, ging am 5. Februar 1935 einsam, verzweifelt und gedemütigt zugrunde. Es waren nur wenige, die, drei Tage später, den Toten auf dem Jüdischen Friedhof an der Schönhauser Allee zur Kapelle geleiteten, in der Rabbi Malvin Warschauer den Abschiedsgruß sprach. Die Akademie schickte noch nicht einmal einen Kranz.

SPRECHER/FONTANE: *And Thy ending is despair*, mag Fontane, vom Olymp herab, tieftraurig, mit seinem geliebten Shakespeare, dem andern großen Meister, neben ihm, nachgerufen haben, der bis zum Tod für ihn ein ebenso kluger wie liebenswürdiger Mensch blieb. – Endlich mal ein richtiger Maler!

Lieferbare Radius-Bücher. Eine Auswahl

Gerhard Begrich: Engel und Engelgeschichten in der Bibel
Gerhard Begrich: Namen und Namengeschichten in der Bibel
Peter Bichsel: Im Hafen von Bern im Frühling
Peter Bichsel: Möchten Sie Mozart gewesen sein?
Wolfgang Erk (Hg.): Viele gute Wünsche
Literarische Annäherungen
Peter Härtling: 80 – Versuch einer Summe
Peter Härtling (Hg.): Ein Engel für jeden Tag. 366 Texte
Klaus-Peter Hertzsch: Chancen des Alters. Sieben Thesen
Klaus-Peter Hertzsch: Der ganze Fisch war voll Gesang
Ulrich Horstmann: Das vierte Floß der Medusa. Shanties von Bord
Walter Jens: *siehe Seite 4*
Klaus-Peter Jörns: Glaubwürdig von Gott reden
Eine theologische Kritik der Bibel
Eberhard Jüngel: Außer sich. Theologische Texte
Otto Kaiser: Das Buch Hiob. Übersetzt und eingeleitet
Otto Kaiser: Kohelet. Das Buch des Predigers Salomo
Werner Krusche: Ich werde nie mehr Geige spielen können
Erinnerungen
Reiner Kunze: Bleibt nur die eigne Stirn. Ausgewählte Reden
Kurt Marti: geduld und revolte. die gedichte am rand
Kurt Marti: Heilige Vergänglichkeit. Spätsätze
Elisabeth Moltmann-Wendel: Gib die Dinge der Jugend
mit Grazie auf. Texte zur Lebenskunst
Ruth Rehmann: Flussaufwärts. Letzte Geschichten
Martin Scharpe (Hg.): Das literarisches Geburtstagsbuch
Friedrich Schorlemmer (Hg.): Das soll Dir bleiben
Für morgens und abends
Fulbert Steffensky: Gewagter Glaube
Fulbert Steffensky: Orte des Glaubens
Die sieben Werke der Barmherzigkeit
Fulbert Steffensky: Schwarzbrot-Spiritualität
Fulbert Steffensky: Die Zehn Gebote
Peter Stosiek: Tollwut. Geschichte und Geschichten
Christa Wolf: Was nicht in den Tagebüchern steht. Verse
Hanna Wolff: Jesus als Psychotherapeut
Eva Zeller: Das unverschämte Glück. Neue Gedichte

Radius-Verlag · Alexanderstraße 162 · 70180 Stuttgart
Fon 0711.607 66 66   Fax 0711.607 55 55
www.Radius-Verlag.de   e-Mail: info@radius-verlag.de